도서출판 대장간은
쇠를 달구어 연장을 만들듯이
생각을 다듬어 기독교 가치관을
바르게 세우는 곳입니다.

대장간이란 이름에는
사라져가는 복음의 능력을 되살리고,
낡은 것을 새롭게 풀무질하며, 잘못된 것을
바로 세우겠다는 의지가 담겨져 있습니다.

www.daejanggan.org

메노 시몬스의 저작 1953-1961

1953 Roland H. Bainton, Yale Divinity School, "Sixteenth Century Anabaptism." Published: "The Church of the Restoration," *Mennonite Life*, July 1953; "The Great Commission," *Ibid.*, October, 1953; "The Frontier Community," *Ibid.*, January, 1954; "The Enduring Witness - The Mennonites," *Ibid.*, April, 1954.

1954 Wilhelm Paugk, Union Theological Seminary, "The Reformers and the Anabaptists/."

1954 Franklin H. Littell, Perkins School of Theology, "The Free Church." Published: *The Free Church*, Starr King Press, Boston, 1957.

1955 Robert Kreider, Bluffton College, "Anabaptism Speaks to Our Day."

1956 Martin Niemoeller, Hesse-Nassau, Germany, "Relevance of Christian Nonresistance in Our Present World Situation." Published: "The Unfinished Reformation," *Mennonite Life*, January, 1958.

1957 Jacob J. Enz, Mennonite Biblical Seminary, "The Only Warfare the Christian Knows."

1958 George PL Williams, Harvard Divinity School, "Wilderness and Paradise in the History of God's People." Published: *Wilderness and Paradise in Christian Thought*, Harpers, New York, 1962.

1959 Gordon D. Kaufman, Vanderbilt Divinity School, "The Theological Context of the Christian Ethic." Published: *The Context of Decision*, Abingdon Press, Nashville, 1961. "What Is Our Unique Mission?" *Mennonite Life*, July, 1961.

1960 Elton Trueblood, Earlham College, "The Fellowship of the Concerned." Published: The Company of the Committed, Harpers, New York, 1961.

1961 H. W. Meihuizen, Mennonite Church, The Hague, Netherlands, "Menno Simons and the Truth."

메노 시몬스 기념 논문
다른 터는 없나니

월터 클라센, 윌리암 키니, 러셀 매스트,
버논 뉴펠트, 코넬리우스 크란

김복기 옮김

Copyright © 1962 Bethel College

Original published in English under the title ;
   NO OTHER FOUNDATION:*Commemorative Essays on Menno Simons*
      by Klaassen Walter, William Keeney, Russell Mast,
         Vernon Neufeld and Cornelius Krahn.
      Published by Bethel College, 1001 Bethel Circle, Mishawaka, IN 46545
All rights reserved.

Used and translated by the permissions of Bethel College.
Korean Editions Copyright © 2018, Daejanggan Publisher. Nonsan, CN, South Korea

다른 터는 없나니 메노 시몬스 기념 논문

지은이	월터 클라센, 윌리암 키니, 러셀 매스트, 버논 뉴펠트, 코넬리우스 크란
옮긴이	김복기
초판발행	2018년 1월 21일
펴낸이	배용하
책임편집	배용하
등록	제364-2008-000013호
펴낸곳	도서출판 대장간 www.daejanggan.org
등록한곳	충남 논산시 매죽헌로 1176번길 8-54, 101호
대표전화	전화 (041) 742-1424 전송 (041) 742-1424
분류	신앙 인물 | 메노나이트
ISBN	978-89-7071-433-2(04230)

이 책의 한국어판 저작권은 대장간에 있습니다.
기록된 형태의 허락 없이는 무단 전재와 복제를 금합니다.

 값 10,000원

차례

머리말··7

1. 메노 시몬스의 생애와 시대적 상황··9
   －월터 클라센(Walter Klaassen)

2. 네델란드 아나뱁티스트들의 기본적 신념··26
   －윌리암 키니(William Keeney)

3. 메노 시몬스의 믿음과 이성에 대하여··48
   －윌리암 키니(William Keeney)

4. 메노 시몬스와 성경··60
   －러셀 매스트(Russel L. Mast)

5. 메노 시몬스와 20세기··72
   －버논 뉴펠트(Vernon Neufeld)

6. 메노 시몬스와 세계의 메노나이트 형제들··91
   －코넬리우스 크란(Cornelius Krahn)

7. 메노 시몬스 연구(1910~1960년까지)··105
   －코넬리우스 크란(Cornelius Krahn)

머리말

메노 시몬스 강좌는 1950년 베델 대학Bethel College에 $15,200을 기증한 캔사스의 마운드리지Moundridge의 존과 캐롤라이나 카우프만John and Carolina Kaufman 가족에 의해 시작되었다. 이 기금의 목적은 아나뱁티스트-메노나이트 역사 발굴, 신학과 실천, 문화 및 이와 관련된 학자들의 연구를 장려하며 이를 공개 강의로 발표하기 위함이었다.

강의 시리즈는 베델 대학에서 종교개혁 주일을 시작으로 매년 개최되었으며, 발표된 논문들을 출간하기도 하였다. 강사들은 대학의 학장, 역사도서관장 및 가족 대표 한 사람으로 구성된 위원회에 의해 선정되었다.

미국과 유럽에서 아나뱁티스트-메노나이트 전통은 다시금 새로이 연구되고 있다. 다른 연구기관들과 교단들과 더불어 베델 대학은 교회 역사 속에서 자신들의 신앙과 신념을 세상에 드높인 사람들을 알리기 위해 노력하고 있다. 또한 우리 시대에 보다 의미 있는 『메노나이트 생활*Mennonite Life*』와 같은 계간지의 출판, 베델 대학의 역사도서관, 카우프만 박물관, 봄철에 캠퍼스에서 개최되는 메노나이트 민속축제와 같은 전통적인 아나뱁티스트-메노나이트 행사들을 돕고 문서들을 번역하여 출판하고 있다.

1961년 1월 29~31일에 메노 시몬스를 기념Menno Simons Commemoration 하는 보다 구체적인 프로그램이 개최되었다. 메노 시몬스는 425년 전인 1536년 1월에 회심하였고, 400년 전인 1561년 1월 31일에 세상을 떠났다. 이 두 사건은 전 세계의 메노나이트들에 의해 여러 모양으로 기념되었다.

이 책에 실린 논문들은 베델 대학에서 개최된 기념행사를 위해 준비된 것으로 예수 그리스도와 그의 교회는 물론 아나뱁티스트-메노나이트 역사에 관심이 있는 사람들의 교훈과 성장을 위한 것이다.

베델 대학의 메노 시몬스 강좌 위원회를 대신하여,
고든 카우프만Gordon Kaufman

1. 메노 시몬스의 생애와 시대적 상황

월터 클라센(Walter Klaassen)

대부분의 메노나이트들에게 메노 시몬스Menno Simons와 지나간 역사 속의 수많은 명사들에 대해 많은 공백이 있다. 회심을 한 후 메노 시몬스의 삶과 업적에 대하여는 어느 정도 알려져 있다. 그의 인격과 신학, 다른 신학자들과의 논쟁, 프로테스탄트와 로마 가톨릭에 대한 설명, 주를 섬기기 위해 포기할 수 없었던 방랑의 나날들에 대한 연구는 상당히 진척되었다. 그러나 메노 시몬스가 활보했던 무대는 채 연구되지 못한 모습으로 텅 비어있다. 그렇다고 이 글이 메노 시몬스가 가졌던 관심에 대해 연구한 학자들의 업적을 경시하거나 무시하려는 의도를 갖고 있지 않다. 이 논문이 그러한 작업을 최우선으로 하는 것은 가능하지도 않으며, 실제로 그러한 목적을 갖고 있지도 않다. 그러나 우리 대부분은 학자들이 연구해 놓은 연구가 어떤 것들이 있는지 조차도 제대로 살펴보지도 못하였고, 폭넓게 다룰만한 메노 시몬스에 대한 설명과 그의 논문조차도 잘 알지 못하고 있는 실정이다. 그러기에 이제부터 기록하는 글은 메노 시몬스가 살았던 시대의 상황을 기술하려고 애씀으로써 그가 어떤 시대적 상황 속에 있었는가를 올바로 전하고자 하는 시도라 할 수 있다. 우선 시대적 상황을 살펴 본 후, 현재 우리의 시각에서 그의 인생과 업적을 살펴보게 될 것이다. 이야기를 전개해 나가기 위해 우리가 사는 세상과 메노 시몬스가 살았던 세상을 병행하여 설명하고자 하였다. 비록 수 백년이라는 역사적 간극이 있음에도, 우리가 사는 시대와 메노 시몬스가 살았던 시대가 얼마나 비슷한 지 살펴보는 것은 매우 의미있는 일이라 하겠다. 우선 메노 시몬스의 인생에 대한 간략한 이력을 소개하는 것으로 글을 시작하고자 한다.

메노 시몬스

메노 시몬스는 1496년 네델란드의 프리스랜드Friesland 지방에 있는 비트마숨Witmarsum에서 태어났다. 현재도 네델란드가 낙농업으로 유명한 것처럼 그의 부모는 낙농업을 경영하였다. 알려진 바대로 그의 신학 교육은 인근의 수도원에서 받은 것이다. 그는 라틴어를 공부하였고 약간의 그리스어, 교부들을 위한 과정을 공부하였다. 이러한 모든 것은 로마 가톨릭 교회의 사제로 안수받기 위한 준비과정이었다. 1524년 그가 28세였을 때, 메노는 우트레흐트Utrecht에서 사제로 안수를 받고 그의 고향에서 그리 멀지 않은 핀점Pingjum에서 일을 시작하였다. 그는 당시 작은 도시의 전형적인 신부로서 예정된 길을 걷고 있었다.

당시 네덜란드에는 거룩한 사제의 손에 의해 주어지는 빵과 포도주가 그리스도의 피와 살이 된다는 기존의 가톨릭 교리와 반대되는 가르침이 번져나가고 있었다. 사제의 일을 시작한 첫해부터 메노는 미사와 관련된 의심들이 생겨났고 이에 대하여 깊이 생각하기 시작했다. 그 후로 약 2년 동안 이러한 의심을 품고 있으면서, 메노는 마침내 신약 성경을 읽기 시작하였고, 자신이 읽은 성경의 가르침과 교회의 가르침이 일치하지 않는다는 것을 알게 되었다. 이제 그의 의심은 권위에 대한 질문으로 바뀌었다. 과연 성경과 교회 중 무엇을 따라야 할 것인가? 이 질문에 대한 대답으로 그는 성경을 선택하였고, 부가적으로 루터의 글을 읽기 시작했다. 점차로 그의 견해는 자신이 올바를 길을 걷고 있다는 확신을 얻게 되면서 홀로 설수 있을 정도로 성숙해졌다.

그가 분명히 해야 할 다음 질문은 유아 세례에 대한 것이었다. 유아 세례가 유효하지 않다고 주장하던 어떤 사람이 다시 세례를 받았다는 이유로 처형되었다는 소식을 듣게 되면서 더욱 궁금해졌다. 그는 다시금 성경의 권위로 돌아가 가톨릭교회가 가르치는 것뿐만 아니라, 루터와 다른 개혁가들이 어떻게 성경을 다르게 읽고 있는지에 대해 확인하기 시작했다. 그러나 그는 여전히 로마 가톨릭 교회를 떠나지 못하고 있었다. 오히려 그는 한 단계 승진하여 자기 고향의 신부로 가게 되었다.

1532년 경, 자신의 회중에 아나뱁티스트들이 나타나기 시작했다. 자신에게 너무나 급진적인 모습으로 보이던 그들을 대상으로 사악한 모든 사람들은 칼에 의해 죽임을 당해야만 한다는 설교를 하면서도 메노는 그들에게 얼마간의 연민을 갖고 있었다. 그는 이들을 상대하라는 교회의 요청에 따라 논쟁의 달인이 되어야 했고 이들을 대상으로 글을 쓰고 설교를 해야 했다. 그러나 그는 많은 면에 있어서 자신과 그들의 의견이 같다는 사실을 알게 되면서 별로 행복하지 못하게 되었다. 그 후 얼마 안되어 무력위협을 주장한 아나뱁티스트들과 정부 사이에서 생긴 전쟁으로 말미암아 자기 동생과 교회의 멤버들이 대거 죽게 되었을 때, 그는 결단해야 할 시기가 왔음을 감지하게 되었다. 이제 그는 혁명을 일으키는 아나뱁티스트들의 잘못을 지적하고 그들과 싸움을 하면서 자기가 알고 있는 진리를 외치기 시작했다. 그러나 그는 자신이 조용히 자신의 신앙을 따라 사는 아나뱁티스트임을 이야기 하며 혁명에 가담하지 않도록 주의를 주었다.

　1536년 겨울, 메노는 조용히 자기의 집을 떠나 믿음의 형제들이 추구하는 영적인 삶을 추구하고자 방랑하는 목사의 길을 선택하였다. 그는 그로닝겐Groningen과 동 프리스랜드East Friesland에서 일을 하였다. 동시에 그는 공부를 병행하며 영적인 도움을 필요로 하는 사람들을 인도하고 믿음을 고양시키는 책자를 만들어나가며 복음주의 신앙을 포기하는 사람들을 회심시켰다. 메노 자신이 언제 세례를 받았는지는 확실하지 않지만, 아마도 담당하던 교회를 떠날 무렵이었던 것 같다. 그 이후, 그는 네델란드 아나뱁티스트들로부터 장로elder 혹은 감독bishop이 되어달라는 부탁을 받았다. 그러나 그 책임의 막중함에 주저하면서 이를 수락하였다. 1536년 그가 비트마숨을 떠나면서 1554년까지 그는 현상 수배범이었으며, 그의 목에는 많은 상금이 걸려있었다. 그 자신이 1544년에 쓴 글에 보면 "나의 불쌍한 아내와 어린 아이들이 단 1년, 아니 반 년 만이라도 안전하게 지낼 수 있는 오두막이나 헛간은 내 나라 안에서 찾을 수 없게 되었다."고 기술되어 있다. 그는 콜롱Cologne, 뤼벡Rübeck 그리고 단찍Danzig에 이르는 동 프리스랜드에서 열심히 일하였다. 그는 로마 가톨릭과 캘빈추종자들과 다방면에 걸치는 신학적 논쟁을 벌였으며, 자신과 교제하는 동료들에게도 많은 문제들이 있음을 발견하게 되었다. 약 25년 동안 그는 이러한 힘든 일을 감당해 나갔고, 밤에 여행을 하며 형제자매들을 만나는 등 대부분의 일을 숨어서 해야만 했다. 그가 갖고 있는 인간적인 연약함과 더불어 메노는 인생 후반기에 다리를 절었다. 그는 그리스도의 제자로서 자신이 감당해야 할 고통의 십자가를 기꺼이 짊어지고 나갔다. 그가 갖고 있었던 가장 큰 관심은 그리스도의 교회였다. 우리 모두에게 잘 알려진 그가 즐겨 사용하였던 좌우명은 "이 닦아 둔 것 외에 능히 다른 터를 닦아 둘 자가 없으니 이 터는 곧 예수 그리스도라."는 말씀이었다. 그는 1561년 1월 31일에 세상을 떠났다. 그러나 그의 노력은 그 뒤에도 계속되어 현재 우리가 그의 행한 일들을 증언하고 있다.[1]

혁명과 종교개혁

메노가 살았던 시대는 16세기 전반으로써 급진적이며 혁명적인 변화가 일어났던 시기였다. 그의 세상은 변신metamorphosis의 과정에 있었다. 즉 이미 있었던 것에서 무엇인지 알 수 없는 다른 것으로 변화하는 시대였다. 이것은 거의 모든 면에 있어서 사실이었다. 변화들 중 어떤 것은 메노가 태어나기 훨씬 전부터 시작되었지만, 그가 태어났을 때까지도 채 완성되지 못한 부분이 많았다. 우리 시대와 마찬가지로 구시대의 질서는 지나가고 결코 다시 돌아오지 않을 것만 같은 그런 시대였다.

지금부터 우리는 당시의 정치적 상황에 대하여 살펴보고자 한다. 스코트랜드의 애버딘Aberdeen에 세워진 성 마카St. Machar 성당은 사람들의 이목을 끌지 못하였다. 실제 그 성당은 흉한 몰골을 하고 있었다. 성당의 탑은 낮은데다가 폭이 넓어서 그다지 세련되어보이지도 않았다. 몇 세기 전에 물러앉았던 성당 앞의 반원형 강단은 이미 사라지고 없었다. 그러나 이 오래된 성당은 유럽의 그 어떤 성당에도 없는 뭔가가 있었다. 그것은 다름 아닌 독특한 천정이었다. 물론 천정 역시 아름다움과는 거리가 멀었다. 아주 복잡하고 멋있는 석조작품도 없었고, 우아한 둥근 천정도, 이를 멋들어지게 받쳐주는 드높은 원주기둥도 없었다. 단지 체크모양의 칙칙한 목재들로 건축된 판판하고 어두운 모습의 성당이었다. 사각형의 천정마다 도색된 까치발들이 있었고 중앙에 다른 것과 비교하여 매우 크게 보이는 무엇인가가 놓여있었다. 이러한 모습의 천정이 성당에 자리하게 된 것은 약 1550년 경이었는데 그것은 성로마 제국을 상징하는 것이었다. 중앙에 있는 도색된 까치발은 황제의 팔을 의미하는 것이며 주변의 모든 것은 각 통치자들이 황제를 휘호하는 동맹의 모습을 나타내는 것이었다. 그 천정은 1519년 황제가 된 카를 5세Charles V와 성 마카 성당의 주교가 그리워하던 과거에 대한 향수를 그대로 반영해 놓은 것이었다. 카를 5세는 이제 역사의 뒤안

길로 사라지는 마지막 로마 황제로서 지난 십 수세기 동안 하나의 교회와 하나의 왕관 아래 유럽을 장악했던 황제들과 교황들의 시대가 끝나가고 있음을 알려주는 것이었다. 이러한 유럽의 세기를 만들어 내는 데는 8세기 말부터 9세기 초에 엄청난 실력을 행사했던 카를 대제 Charles the Great의 공헌이 적지 않았다. 카를 5세는 자신을 제 2의 샤를마뉴Charlemagne 대제로 여기며,[2] 카를 대제가 추구했던 "기독교 공인 하에 종교와 정치의 연합이 자신의 이상적인 인생 목적이요, 실제 정치적 목적"[3]이 되도록 하였다. 결혼을 통한 연합과 급작스런 죽음들을 통해 카를는 사실상 예전의 카를 대제가 차지했던 만큼 전 유럽 지역을 통치할 수 있었다. 그는 오스트리아, 티롤Tyrol, 독일, 네델란드, 스페인 그리고 이탈리아 및 해외의 지역을 다스릴 수 있는 황제가 되었다.[4]

전 유럽을 하나의 왕관과 하나의 교회 아래로 연합시키고자 하였던 것은 카를 황제의 꿈이었다. 그러나 이것은 이제 과거의 일이 되어 버렸다. 황제도 백성도 모두 평화를 원했고, 실제로 사람들은 제국에서 공인된 기독교 평화의 길을 열 수 있는 마지막 기회라고 믿었다. 카를 5세는 '로마 제국을 회복한 왕'이요 '전 세계를 위한 새로운 통치자'라고 불렸다.[5]

아마도 메노 시몬스의 고국 네델란드는 제국의 무역과 산업의 중심지였기 때문에, 이 곳 만큼 평화를 갈구했던 지역 또한 없었을 것이다. 네델란드의 사람들은 자신들의 지역에 스페인 군대들이 주둔하게 된 것과 황제가 일으킨 전쟁들에 대해 불평이 많았다. 세금은 과중했고, 물가는 하늘 높은 줄 몰랐다. 라이덴Leiden과 같은 도시는 모직으로 아주 오랫동안 번영을 누렸는데 전쟁으로 말미암아 더 이상 번영을 누릴 수 없게 되었고, 직공들이 일자리를 잃어버렸을뿐만 아니라, 전체 사회구조가 와해되었다. 1530년대에 들어서면서, 아나뱁티스트들과 루터교 설교자들은 산업 도시에 거주하고 있는 불만이 많은 직공들이 자신들의 설교를 듣고 싶어 한다는 사실을 알게 되었다.6) 그러나 비록 모든 사람들이 평화를 원하였지만, 그곳에 참평화는 없었다. 비록 종교와 번영에 관심을 갖고 있던 모든 사람들이 정치적인 연합을 원하였지만, 카를는 정치적 연합을 이루어내지 못하였다. 구시대의 질서는 새로이 재편되고 있었고, 모든 것은 전과 같지 않았다. 그 어떤 이상주의도 예전 샤를마뉴Charlemagne 대제 통치하의 국가와 교회의 연합으로 돌이켜 놓지 못했다. 메노가 죽기 6년 전인 1555년 카를 황제는 직위 포기는 "중세시대의 개념으로써, 황제와 교황의 리더십 하에 모든 크리스천들의 연합을 이룩하려 했던 마지막 시도의 실패이자, 황실의 실패를 스스로 인정하는 것"이었다.7)

이러한 꿈을 이루고자 했던 카를의 실패 원인 중 가장 중요한 것은 종교개혁이었다. 약 200년 동안 개혁에 대한 요구와 운동이 끊임없이 이어져 왔었다. 그러나 교회 개혁을 시도하던 중심인물들은 교회의 권력을 가장 많이 갖고 있던 수혜자들이었기 때문에 실제로는 아무 변화도 가져오지 못했다. 영국의 위클리프Wycliffe와 보헤미아의 후스Huss도 개혁을 시도하였지만, 전체적으로는 실패로 끝났다. 이러한 개혁의 의지는 이제 마틴 루터에게 전달되었고, 1517년 그가 개혁을 시도하였다. 그는 교회를 개혁하기를 원했지만, 국가와의 관계를 끊지 못했다. 그럼에도 그의 개혁은 아주 급진적이었다. 즉 그의 개혁은 로마 교황권과 왕권 하에 유럽을 하나로 묶고자 했던 황제와 교황의 생각을 완전히 갈라놓았다. 그리고 루터가 1520년 12월 자신의 일을 정죄한 로마 교황의 칙서를 불태움으로 자신의 개혁 계획을 실제적인 반란으로 이끌기도 하였다. 독일 귀족들은 루터가 이단으로 처형되는 것으로부터 보호해 주었고, 출판 매체를 통해 유럽 심장부에 있는 로마 교회의 통치를 끌어내림과 동시에 카를 5세의 꿈을 영원히 무산시킴으로 그의 영향력이 아주 널리 퍼질 수 있게 되었다. 그러므로 사람들이 신약성경 속의 기독교 토대를 다시 쌓을 수 있는 절호의 시기를 맞게 되었다. 이것은 한 사람이 법이나 행위로 구원을 얻는 것이 아니라 믿음을 통한 은혜로 구원을 얻는다는 것을 의미했다. 그것은 급진적인 개혁을 원치 않았던 단일 교회의 몰락을 의미했다. 그러므로 메노 시몬스의 시대는 그리스도 교회를 위한 새 시대나 다름이 없었다.

발견과 과학

그러나 새 시대를 알리는 또 다른 많은 요소들이 있었다. 메노가 회심을 하기 약 80년 전에, 유럽에서는 새로운 출판 기술이 발명되었다. 이와 동시에 보다 더 많은 사람들이 글을 배우고 있었기 때문에 많은 책을 필요로 하였다. 대학들은 전례 없이 많은 학생들이 몰려들어 탁월한 학문의 수준을 일반화시키게 되었을 뿐 아니라, 이에 따라 더 많은 책을 필요로 하게 되었다. 이에 따라 중등교육이 일반화되었다.[8]

이러한 것에 앞서, 종이를 만드는 공정이 새로이 개발되었고 1410년 서부 유럽의 대부분의 나라들이 윤전기로 책을 인쇄할 수 있게 되었다. 물론 이러한 새로운 재료들을 경멸한 사람들도 있었지만, 점차로 상업적인 가치를 깨닫게 되었다. 인쇄기가 발명되었을 때는 이미, 출판에 필요한 싼 값의 재료들이 보편화되었다. 이것이 의미하는 바는 이제 책을 만드는 것이 그리 어렵지 않을 뿐 아니라, 비록 우리의 기준으로 볼 때 여전히 비싸기는 했지만, 이전보다 훨씬 싼 가격으로 판매되기 시작했다는 것을 의미한다. 이것은 보통 사람들도 책을 사 볼 수 있게 되었다는 것을 의미했다. 곧 여러 도시들에서 다량의 책을 필요로 하였고, 많은 이동 출판사들이 수레에 책을 싣고 다니면서 여러 가지 자료들을 공급하게 되었다.[9] 이러한 출판사들에 의해서 메노의 글들도 출판이 되었으며, 출판을 위해 사용했던 그의 집은 아직까지 잘 보존되어 있다.

출판과 인쇄 기술은 구시대의 질서를 종식시키게 한 아주 중요한 요인이 되었다. 수많은 책들과 소책자들은 유럽의 여러 출판사들로부터 쏟아져 나왔고, 교회와 국가는 이러한 책들을 효과적으로 검열 할 수가 없었다. 실제적으로 사람들의 사상을 억압한다는 것은 가능하지도 않다. 책들은 금지되고 불태워지기도 했지만, 비밀리에 더 많은 책이 인쇄되고 사적으로 은밀히 통용되었다. 메노가 죽기 2년 전에, 교황은 교회에 해를 끼치는 책들을 목록화하여 금지시키려 하였으나, 이것은 특히 개신교 영역의 책들에 보다 더 많은 사람들의 관심을 불러일으키는 결과를 초래하였다. 교회에 의해 생각을 통제하는 것은 여러

개신교의 조직들을 포함한 사람들이 출판된 책에 의해 실망하기도 하였다.[10]

메노가 살았던 시대는 농업과 과학도 더불어 발달하기 시작하였다. 1350년에는 소위 흑사병이라고 불리는 재앙이 발생했다. 북유럽 인구의 약 1/3이 목숨을 잃었고,[11] 약 125년 동안 유럽은 이 흑사병의 영향으로 고통을 겪어야 했다. 1475년 경 변화가 생겨났다. 갑작스럽게 엄청난 인구가 증가하였는데 이것은 당시의 사람들에게는 아주 심각한 문제가 되었다. 어떤 사람은 또 다른 재앙이 올지도 모른다고 생각했다. 어떤 사람들은 전쟁이 일어날 지도 모른다고 생각했다. 메노가 태어난 직후인 1500년경에 보인 높은 인구 증가는 보다 더 많은 생산을 필요로 하였다.[12] 한편 농민들은 자신들의 영주로부터 자유를 얻기 위해 자신들의 땅을 확보하여 생산량을 늘여가고 있었다. 그들은 자신들이 생산한 농산물을 판매하고 자기들의 수익금을 챙기기 시작했다.[13] 메노의 인생 후반기에 네델란드와 북부 독일 지역에서는 바다와 늪지를 개간하는 일이 본격적으로 시작되었다.[14] 농산품의 요구 때문에, 농부들은 순무라든가 클로버와 같은 새로운 작물을 개발하기 위한 실험을 하였다. 이러한 것은 농업과 관련 기술에 대한 책을 출판하는 계기가 되었다.[15] 새로운 작물과 증가하는 농작물 수요는 새로운 경작법을 개발시켰으며, 우리에게까지 전수되었다. 이러한 모든 것들은 아마도 메노가 농가에서 태어났기 때문에 상당히 친숙한 것들이었다.[16] 그 중 메노에게 관심이 있었던 것은 이러한 분야에 종사하는 많은 사람들이 메노에게 자신들의 문제들을 이야기하게 되었다는 점과 그가 이들을 섬겨야 한다는 것이었다. 그에게 있어서 전체 농업 분야의 문제는 새로운 것이었고 변화의 한 가운데에 있었다.

메노가 죽은 후 여러 세대가 지나기까지 획기적인 과학 혁명은 일어나지 않았지만, 이러한 과학 혁명을 준비하는 몇 가지 사건들이 메노가 살았던 시대부터 이미 일어나고 있었다. 이미 과학에 대해 폭넓은 관심이 형성되었다. 고대 그리스와 아라비아의 과학적 결과를 발굴해 내는 것은 메노 시대에 이미 상당한 관심을 끌고 있었다. 단순히 오래된 책을 통해 정보를 얻는 것이 아니라, 과학자들의 실험과 관찰을 통해 새로운 지식을 축적하기 시작했다. 그리고 과학을 실제적인 생활에 적용하기 시작하였다. 예를 들어 의학 분야에 있어서 사람들은 인간의 신체를 해부하면서 그 구조와 기능에 대하여 연구하게 되었다. 기하학은 항해 및 측량, 그리고 무기개발을 위한 매우 중요한 학문이 되었다.[17] 이와 더불어 천체에 대하여도 관심이 증대되었다. 메노가 동 프리스랜드에서 일하고 있던 때인 1543년은 지구와 기타 행성들이 태양 주위를 돈다는 지동설을 주장했던 폴란드의 천문학자 코페르니쿠스가 타계하였다. 그의 새로운 이론은 성경의 가르침과 일치하지 않는다는 이유로 교회에 의해 비난을 받게 된 새로운 견해였다. 아마도 메노가 살았던 시대에 과학이 끼친 가장 중요한 영향은 학문이 종교로부터 점차 분리되기 시작했다는 점이다. 아주 오랫동안 로마 가톨릭 교회의 성직자들은 학문의 주체였다. 그러나 이 시기부터 과학자들은 대체로 일반인들이 감당하게 되었다. 이것은 우리가 이야기하는 근대 세속주의의 시작이 되었다. 거룩한 것과 세속적인 것의 분리가 이루어

지게 되었다.[18]

여러 유명한 항해 및 탐사가 이루어진 시기도 메노가 살던 시기에 이루어졌다. 메노 시몬스가 태어난 1496년, 크리스토퍼 콜롬버스 Christopher Columbus는 대륙 발견을 위한 두 번째 항해를 떠났다. 16세기에는 이러한 대륙 발견을 위한 항해를 반대했는데 이는 사람들이 새로운 땅을 발견하는 것은 문제를 야기 시킬 뿐 아니라, 현재 그들이 살고 있는 땅 만으로도 충분했기 때문이었다. 사실 이러한 반대가 있었다는 것은 자못 흥미롭기까지 하다. 세바스찬 브랜트Sebastian Brant는 『바보들의 배Ship of Fools』라는 풍자를 1494년에 출간하였다. 독일어로 된 이 책은 현대인이 우주여행을 두고 신랄하게 비판했던 모습을 생각나게 한다.

어떤 사람들은 외국 땅을 탐험한다고 하는데,
그들은 자신도 이해하지 못하는 사람들이라네.[19]

그러나 이러한 글이 사람들의 용기를 꺾을 수는 없었다. 메노가 16세였을 때, 한 스페인 탐험가가 플로리다를 발견하였고, 1515~1522년에 페르디낭드 마젤란Ferdinand Magellan이 지구를 일주하였다. 메노가 살았던 시대는 지구가 평평하다는 생각에서 갑자기 둥근 모습으로 바뀐 시기였으며, 사람들이 생각하는 것보다 엄청나게 큰 세계라는 것을 알게 된 아주 중요한 시기였다. 한 번도 듣지 못했던 경이로운 이야기들과 가능성들이 유럽 사람들의 눈앞에 갑작스레 펼쳐지게 된 시기였다. 메노가 유럽 무역의 최대 교역지인 앤트워프Antwerp 로부터 불과 50마일 정도밖에 떨어져 있지 않은 네델란드에 살았기 때문에 그는 세상을 두루 항해하고 온 포르투갈과 스페인의 선원들로부터 전해지는 새로운 세상에 대한 수많은 이야기들을 들을 수 있었을 것이다. 그것은 인식의 지평이 열리는 시기였고 미래에 전개될 그 무엇에 대하여 추측해볼 수 있는 시기였다.

메노가 살았던 시대에 유럽과 다른 지역에 전쟁이 끊이지 않았다는 것은 이미 언급한바 있다. 한 영국 역사학자가 말했던 것처럼, 1560년에 끝이 난 100년 동안은 18세기 말까지 계속된 그 어떤 전쟁보다 전쟁기술을 발전시킨 결정적인 기간이었다. 이 기간 동안 사람들은 과거의 전쟁기록을 다 갈아치웠다.[20] 화약의 발명은 전쟁의 양상을 완전히 바꾸어 놓았고, 더 많은 전쟁을 야기 시켰고, 작전도 빠르게 진행되어야 했다. 군대와 국가의 지도자들은 방어를 위한 군사 비밀이 서방 세계의 큰 적인 투르크Turk족의 손에 넘어갈지도 모른다는 가능성에 대하여 점점 더 염려하고 있었다.[21] 로마 제국의 예를 통해 판단하자면, 사람들은 국가의 위대함이 가장 우선적으로 고려되었고 이것은 자연히 강한 군대에 의해 지원을 받는 모습이 되었다.[22] 강한 군사력은 평화를 보장하는 것으로 여겨졌고, 군사예술과 과학은 번영을 누리게 되었다. 이는 국가의 번영과 밀접한 관련이 있었고 이러한 모든 것은 근대적인 모습과 매우 흡사했다. 이러한 상황과는 달리, 평화주의에 대한 아나뱁티스트들의 고집은 실현 불가능한 이상주의처럼 보였다. 그러나 평화주의는 삶의 실존이라는 의미있는 상황에서 고민해야할 주제이다.

　이러한 그림과 더불어 한가지 더 언급해야 할 것이 있는데 그것은 마치 20세기가 동서로 나뉘었던 것처럼 16세기에도 동서로 세계가 나뉘어졌다는 것이다. 서부 유럽은 1345년 발칸반도를 발판으로 성립된 투르크 족에 의해 대표되었고, 기독교 국가들과 "이교도들" 사이에서 발생한 근 100년간의 전쟁이 유럽이라는 토양 하에서 시작되었다. 1453년, 거의 1,000년 이상 기독교 도시였던 콘스탄티노플이 투르크의 손에 넘어갔고, 곧 터키의 수도가 되어 현재에 이르고 있다. 투르크가 그리스와 현재 유고슬라비아와 알바니아에 이르는 지역을 정복하게 되었다. 1521년부터 유럽은 헝가리와 오스트리아의 끊임없는 공격을 받아왔다.[23] 당시 루터와 아나뱁티스트들을 포함한 다른 종교 지도자들은 투르크족이 하나님의 진노의 막대기로써 세상 끝날 그리스도께서 재림하시기 전까지 악의 세력으로 활동하게 될 것이라고 믿었다. 메노가 사제로 안수를 받은 후 5년이 되던 1529년, 동과 서로 나뉘어 비엔나에서 전쟁이 일어났는데 서쪽이 승리하게 되었다. 그러나 메노가 죽은 지 10년 후까지 이러한 위협은 계속되다가 마침내 끝나게 되었다.[24]

　메노가 살았던 시대는 두려움, 불안, 암운이 드리워져 있던 시대였다. 그럼에도 불구하고 메노 시대의 사람들은 오늘날 우리가 생각하는 것과 매우 비슷한 생각을 하고 있었고, 이러한 불안과 어려움에도 불구하고 살아갈 만한 굉장한 시대였다. 울리히 폰 후텐Ulrich von Hutten은 1518년 쓴 편지에서 자신이 살고 있던 세대에 대하여 매우 감상적인 글을 남겨놓았다. "오, 세기여, 오, 과학이여! 이러한 세상에서 산다는 것이 얼마나 큰 기쁨인가!"25) 그 시대는 거칠고 험난한 세대였지만, 또한 영웅을 필요로 하는 세대였다. 난세였으나 또한 최고의 시대이기도 했다. 이 세대는 마키아벨리Machiavelli 와 같은 사람을 태동시킨 세대이기도 했으며 쓸데없이 권력을 남용하고 살인을 일삼는 당혹스러움을 나타내는 말인 브르주와Borgias와 같은 사람을 태동시킨 세대이기도 했다. 그러나 한편으로는 로테르담Rotterdam의 에라스무스와 루터, 쯔빙글리, 캘빈 및 메노 시몬스와 같은 사람을 태동시킨 세대이기도 하다.

변화의 상황 속에서 문명의 길과는 반대되는 그림, 즉 이전에 한 번도 밟아본 적이 없는 새로운 문명의 길, 엄청난 파괴의 위협을 받았던 문명 속에서, 우리는 메노 시몬스의 생애와 업적을 살펴보아야 할 것이다. 메노는 당시에 잘 알려진 인물이 아니었다. 세상 대부분은 보다 더 큰 사건들에 관심이 있었고, 재세례신앙운동의 설교자로서 도망자 신세가 된 사제에게는 거의 관심조차 없었다. 우리 시대는 그가 살았던 시대와는 많은 면에서 다르지만, 하나님의 부르심은 메노에게 주어진 것이나 우리에게 주어진 것이나 같은 모습으로 남아있다. 이 부르심은 그리스도 안에 있는 새 생명으로의 부르심이요, 유일한 터인 예수 그리스도를 증거하기 위한 부르심이다.

후주

1) Cornelius Krahn, *Menno Simons' Lebenswerk,* 2. Auflage;(North Newton, Kansas: Bethel College, 1951), and Cornelius Krahn, Menno Simons, *Mennonite Encyclopedia*, III, 1955, pp.577~584, were used as the basis of the sketch of Menno's life.
2) G. R. Elton, "Introduction: The Age of the Reformation," *New Cambridge Modern History*, II(Cambridge: Cambridge University Press, 1957), p. 11. This work hereafter referred to as *NCMH*.
3) H. Königsberger, "The Empire of Charles V in Europe," *NCMH*, II, p.301.
4) *Ibid.*
5) *Ibid.*, p. 315.
6) *Ibid.*, pp 317~18
7) *Ibid.*, p. 332
8) D. Hay, "Literature: the Printed Book," *NCMH*, II, p. 359.
9) *Ibid.*, pp. 360~63.
10) *Ibid.*, pp. 363~64.
11) *An Encyclopedia of World History*, ed. W. L. Langer, Revised ed. 1948;(Boston: Houghton Mifflin Co.), p. 276.
12) F. Lütge, "Agriculture," *NCMH*, II, pp. 29~30.
13) *Ibid.*, p. 25ff.
14) *Ibid.*, p. 30.
15) *Ibid.*
16) Cornelius Krahn, Menno Simons, *Mennonite Encyclopedia*, III, 1955, p.577.
17) A.R. Hall, "Science," NCMN, II, p. 393.
18) *Ibid.*, pp. 397, 411.
19) H. H. Walsh, "The Great Discovery," *Canadian Journal of Theology,* VII(1961). P. 33.
20) J. R. Hale, "Armies, Navies, and the Art of War," *NCMH* II, p. 481.
21) *Ibid.*, p. 482.
22) *Ibid.*, p. 483.
23) Langer, *op. cit.*, pp. 325~27, 422.
24) *Ibid.*, p.428.
25) Karl Heussi, *Kompendium der Kirchengeschichte*, 11. Auflage,(Tübingen: Mohr, 1957), p. 281. "O Jahrhundert! O Wissenschaften! Es ist eine Lust, zu leben!"

2. 네덜란드 아나뱁티스트의 기본적인 신념들

윌리암 키니(William Keeney)

400년 전, 독일 북부의 뷔스텐펠드Wüstenfelde 근처의 한 후덕한 귀족 사유지에 메노 시몬스의 주검이 안장되었다. 약 25년 동안 그가 수고하고 애썼던 모든 짐을 내려놓고 땅에 묻힌 곳이었다. 자신에게 주어진 양떼를 목양하는 내내, 자신의 펜을 의지하여 글을 쓰는 내내, 메노는 재세례신앙운동을 이루는 특성이 무엇인지 정리하고자 애썼고, 그 결과 우리가 메노나이트라 불리는 크리스천들이 생겨나게 되었다.

우선 메노는 조직신학자가 아닌 목회자였다: 분명히 말하건대 그는 배운 학자도 아니었고, 초일류 행정가나 조직가는 더더욱 아니었다. 그러나 그는 하나님과 사람들을 너무나도 사랑했다. 성경에 기록되어 있는 진리를 향한 깊은 헌신과, 그리스도를 따르는 일제자도에 열정적으로 헌신한 사람이었다. 아나뱁티스트 운동이라는 역사의 갈림길에서 흔들리지 않는 굳건하고 건강한 리더십을 제공한 사람으로 떠오르면서, 메노는 지금 우리들에게까지 이어져 내려온 신앙적 유산에 엄청난 기여를 하게 되었다.

이제 우리는 아나뱁티스트 운동의 초기에 가장 직접적으로 영향을 끼친 네덜란드 지역 아나뱁티스트 운동의 기본적 신념들이 무엇인지 다시 새롭게 살펴보고자 한다.

메노와 그의 동역자들에게 보다 진실한 모습으로 다가가고자 한다면, 이 주제를 다룸에 있어서 그의 사상과 주장들을 모아놓은 신조나 신앙고백이 있을 것이라는 생각부터 버려야 한다. 그래서 우리가 갖고 있는 추측이나 고정관념을 내려놓고, 실제로 그가 짜 놓은 천 속에서 다양한 모습의 날줄과 씨줄을 살펴보아야 하고 이러한 실들이 어떻게 짜여서 전체적인 직물을 이루고 있는가 살펴보아야 한다. 메노는 자신의 목숨을 보존하기 위해 늘 쫓기는 삶을 살았는데, 그의 쫓기는 모습의 삶을 부분적으로 조각조각 내서 살핀다는 것은 불가능하다. 메노가 기여한 가장 큰 업적은 그리스도의 가르침과 그의 가르침을 삶에 옮기도록 하는 실행의 완전한 관계가 어떠한지를 보여주고 이를 아주 구체화한 것이다.

이제 막 그러한 기초적인 모습에 접근하는 우리는 네덜란드 아나뱁티스트들 중, 그 누구도 하나님의 존재를 증명하는 일이나 하나님의 본성에 대해 토론하는 일에 대해 관심을 이끈 적이 없었다는 사실을 먼저 지적해야 할 것이다. 성경의 저자들과 대부분의 종교개혁가들처럼, 사람들은 아무런 질문도 하지 않고 하나님의 존재와 본성에 대해 막연하게 추측하고 있을 뿐이었다. 대부분의 사람들이 관심을 가진 것은 어떻게 하면 사람이 구원을 얻을 수 있는가에 골몰하였고, 어떻게 하면 하나님과 관계를 가질까에 더 많은 관심을 가졌다.

역사적으로 네델란드 아나뱁티스트들이 취한 입장은 크게 두 가지 주요한 관점을 견지하고 있는데, 재세례신앙운동으로 발전하는 동안, 한 가지 관점에 초점이 맞추어지고 난 후, 자연스럽게 다른 관점으로 관심이 옮겨가게 되었다. 이 두 가지 주요한 관점이란 1) 개인적인 개심의 경험과 2) 공동체로 이해되고 있던 교회 안에서 신자의 생활이다. 네델란드 아나뱁티스트들은 자신들의 경험과 운동의 역사적 발전 과정 속에서 공히, 자신들의 관심이 첫 번째 관점에서 자연스럽게 두 번째 관점으로 이동하게 되었기 때문에, 우리도 이 과정을 그대로 따르게 될 것이다. 이러한 순서는 메노가 자신의 저술에서도 밝힌 바 있다.

> 그러나 하나님의 말씀에 따르면 예수 가장 거룩한 몸에 있어서, 그리스도는 참이시며, 질서의 존재이시다. 이러한 모습은 참된 교리, 신앙, 세례, 만찬, 사랑, 삶, 예배, 진정한 파문 등에 관련된 하나님의 말씀에 따른 것이다.[1)]

하나님의 말씀

네델란드 아나뱁티스트들이 추구했던 기본적인 신념들로서 우선적으로 고려해야할 주제는 하나님의 말씀과 말씀의 종에 대한 내용이다. 네델란드 아나뱁티스트들에게 있어서 성경말씀은 가장 기본은 성경말씀이다. 그들은 종종 성경말씀을 크리스천 삶에 뿌려지고 움트는

"씨앗"이라고 불렀다.2) 메노는 자신의 경험 속에서 이것이 진리임을 발견하였다. 그는 로마 가톨릭 교회의 관습과 전통을 받아들이기에는 너무나 많은 질문을 갖고 있었으며, 이러한 질문들로부터 자신을 해방시켜줄 수 있는 것이 바로 성경 연구임을 알게 되었다. 그리고 결국 성경연구를 통해 회심에 이르렀고, 자신을 옥죄고 있던 제도를 벗어날 수 있었다.

영은 보이지 않는다. 물질적인 것으로는 오래된 것을 새 것으로 변화시킬 수 없다. 특별히 말씀은 물질적이지 않지만, 말씀들은 인간의 영혼에 심원한 영향을 끼칠 수 있다. 그러므로 네델란드 아나뱁티스트들은 사람의 마음에 심겨질 수 있는 씨앗으로써 성경을 하나님의 말씀을 향하도록 하는 표시들로 이해하고 있다.

성경에 대해 두 번째로 말하고 싶은 것은 아나뱁티스트들이 성경을 이해할 때, 권위의 표준을 제시하는 하나의 안내책자로 본다는 사실이다. 이것은 도덕적으로나, 윤리적으로나, 실천적인 측면에서 아주 단순하게 이해되어야 한다. 이것이 의미하는 바는 죽어있는 글자들이 드러내 주는 하나님의 말씀과 우리가 서로 연결되는 주요한 방법이다. 즉 하나님의 말씀은 보이지 않는 비 물질적인 것이지만, 엄청난 힘이 있는 살아있고 능력 있는 말씀이라는 것이다.

하나님의 말씀이 효력을 드러내도록 하기 위해서는 선포되어야만 한다. 그러므로 목사와 설교가들의 주요한 기능은 말씀의 종이 되어야만 한다. 목사와 설교가는 성경 말씀에 상응하는 열매를 맺어야 한다. 그들은 씨를 뿌리는 사람들이 될 수 있다. 목사와 설교가로서 가져야할 가장 기본적인 자질은 하나님의 말씀이 그들의 삶에 도덕적으로, 영적으로 영향력을 미치고 있다는 명백한 근거가 있어야 한다. 하나님은 이러한 임무를 맡도록 사람들을 부르시는데, 대개 이러한 부르심은 교회 안의 충실한 교제를 통해 확인되어야만 한다.

이러한 일로 부름을 받을 때, 목사들은 우선 사람들을 회개하도록 선포해야만 한다. 그리고 복음이 어떻게 회개와 용서의 길을 사람들이 갈 수 있는지 보여주는 복음을 제시해야 한다. 그들은 세상을 향해 말씀을 선포해야만 하며, 그럴 때, 사람들이 회개를 통해 새로운 삶의 선물을 받을 수 있을 것이다. 말씀의 종들은 교회 안의 신자들을 충고와 훈계로 양육하고 다스려야만 한다.

새로운 탄생

하나님의 말씀과 말씀의 종에 관한 기본적인 신념으로부터, 우리는 씨앗으로써 하나님의 말씀이 의미하는 바가 무엇인지 계속 살펴보고자 한다. 씨앗을 심으면 새로운 탄생이 뒤따라 나와야 한다.

자연적인 상태에 있는 인간은 육체적이고, 세상적이고, 죄의 성향이 다분한 인간으로 타락해 있다. 이러한 자연인은 아담의 타락 이래로 이러한 본성을 갖고 있다. 이러한 자연인이 책임을 질 나이에 이르거나 선악을 구분하는 나이가 되더라도, 사람들은 불가항력적으로 잘못된 길을 선택한다. 이러한 본성에 내재하고 있는 악에 대한 성향은 그를 불순종에 이르게 하고 죄를 짓게 한다. 그는 스스로의 결점을 극복하고자 하나 극복할 수 없다.[3]

말씀이 뿌려지고 이 말씀이 사람의 마음속에 심겨지고 그를 회개에 이르게 할 수 있다. 사람이 회개하고자 반응할 때, 씨앗은 성령의 능력에 의한 하나님의 은혜로 말미암아 살아 움직이게 된다. 씨앗의 효과적인 활동에 의해 새로운 탄생이 이루어진다. 이러한 사람은 그리스도 안에서 새로운 창조물이 된다. 씨앗은 그 사람에게 새로운 본성, 즉 두 번째 아담인 그리스도의 영적인 본성을 심어준다. 여기에서 예전의 본성은 외면적이고, 세상적이고, 타락한 것을 말하며, 새로운 본성이란 내면적이고, 영적이며, 타락하지 않은 모습을 말한다.

이러한 새로운 탄생은 그 사람에게 실질적인 변화를 가져다준다. 그는 여전히 그의 살과 피에 있어서 연약한 모습을 갖고 있지만, 그는 새로운 방향을 향하여 나아갈 수 있는 능동적인 능력을 갖게 된다. 이 씨앗에서 솟아나는 새로운 본성은 새로운 삶의 모습으로 열매를 맺어야만 한다. 이러한 열매들은 단순히 영적인 것만이 아니다. 왜냐하면 이러한 열매들은 도덕적으로나 윤리적인 행동에 있어서 물리적으로 드러나기 때문이다.

행동에 변화가 일지 않는 사람은 그리스도 안에서 새로운 존재가 되지 않았음을 나타내기 때문이다. 즉 새로운 생명을 얻지 못했기 때문이다. 사람의 개심을 통해 일어나는 이러한 변화는 새로운 영으로 말미암아 새로운 삶을 살려는 사람들에 의해 분명하게 인지되어야만 한다. 그렇지 않으면 개심이란 실질적으로 이루어지지 않은 것이다.

메노에 따르면,

우리는 위에서부터 새로 태어나야만 하고, 변화 받아야만 하고, 마음이 새로워져야 하고, 첫번째 아담의 불의와 악한 본성으로부터 그리스도의 선한 본성으로 이식되어야만 한다. 그렇지 않으면 우리는 결단코 영생을 얻을 수 없게 될 것이다.[4]

  새로운 탄생은 그리스도 안에서 한 사람이 새로운 피조물이 되는 영적 실재요 변화이다. 그것은 옛 본성에 대해 죽는 것이며, 그리스도 안에서 다시 살아나는 것이다. 그것이 실재이며, 도덕적으로 영적으로 변화되는 모습으로 열매를 맺어야만 하는 것이기 때문에, 그것은 그 사람의 신체적인 변화로 보여지는 것이 아니다. 즉 그 사람의 신체적인 모습에 분명한 변화는 명백하게 드러나지 않는다. 그렇다면 어떻게 그 사람의 행동이 변화되었다는 것을 서로 알 수 있는가?

  신자들의 세례는 다른 아나뱁티스트들이 그렇게 믿듯이, 네델란드 아나뱁티스트들의 신념에 있어서도 가장 중심에 위치하고 있다. 그들에게 신자들의 세례는 보이지 않는 경험이지만 내면적인 신앙을 증거하는 외부적인 표시이다. 실재는 표지에 선행되어야 하지만, 표지는 있는 실재를 직접 드러내는 것이어야 한다. 우리는 거기에 얼마만큼의 위선이 개입할는지 실제 변화가 일어났는지 정확히 알 수 없지만, 그 사람에게 도덕적·영적 변화들을 시험함으로써 실제로 일어난 변화의 실재를 확실히 할 수 있을 것이다.

  만약 외면적 표지가 내면적 변화를 증거하는 것이라면, 아나뱁티스트들이 유아세례를 거부했던 이유를 이해하는데 그리 어렵지 않을 것이다. 회개는 생명을 발아시키고 태어나도록 하는데 꼭 필요한 선행 조건이다. 회개는 옳고 그름의 차이를 분변하지 못하는 가운데 일어날 수 없는 것이다. 유아들은 이러한 옳고 그름을 분간할 수 없으며 하나님의 신적인 본성에 참여자가 될 수 없다.

세례식에서 고백되는 간증을 근거로, 참된 신자들이 교회로 모일 수 있다. 우리는 메노 시몬스로 하여금 회심의 길을 걷게 한두 번째 중요한 사건이 되었던 사건, 즉 리워덴Leeuwarden에서 재단사로 일했던 시케 스나이더Sicke Snijder의재세례 시에 고백된 신앙간증을 다시금 되새겨 보아야 한다.5) 오베 필립스와 더크 필립스를 아나뱁티스트 운동으로 이끌었던 것도 할렘Haarlem 지역의 잰 마티스Jan Matthijs의 세례였다.6) 이들에게 세례는 아주 의미심장한 사건이었다. 세례는 이전에 말했던 두 가지 주요한 관점개인적 개심의 경험과 교회에서의 신자의 생활으로 나아가도록 방향을 설정해 준다. 세례는 그리스도 안에서 새로운 탄생, 즉 개심의 경험을 가장 잘 드러내 주는 상징이다. 세례는 다른 신자들에게 증거가 되어 그들을 교회로 모이게 한다. 메노와 더크 필립스는 자기 자신들의 경험을 근거로 기본적인 신념을 가장 극명하게 드러내준 사건으로써 세례에 대한 글뿐만 아니라, 영적인 개심과 그리스도 안에서 새로이 창조되는 주제에 대해 초기부터 많은 분량의 글을 써왔다.

말씀이 육신이 되어

네덜란드 아나뱁티스트들에게 그리스도의 성육신에 대한 교리는 대단히 오해된 모습으로 전달되었다. 메노 시몬스의 저작에 실린 글의 서문에서 존 웽어John C. Wenger조차 "과학의 초기 상태"의 결과로서 성육신에 대해 오해하고 있음을 다루었고, 메노가 "장황하고 지루한" 글을 써내려갔다고 투덜대기까지 했다.7)

네덜란드 아나뱁티스트들의 이해가 얼마나 중요한지, 왜 그들이 그렇게 집요하게 이러한 이해를 고수하고 있는지 아는 사람들은 얼마 되지 않는다.8)

자연계의 발전과정을 중요시하고 있는 현 과학적 이해방식으로는 어떻게 성육신이 일어났는지 설명하는 메노의 주장에 동의하지 않을 것이라는 사실을 우리는 인정해야만 한다. 그럼에도 불구하고, 메노는 기독교 신앙의 기본 입장을 대변하고 있다. 메노는 예수 그리스도의 인성과 신성을 모두 강조한다. 말씀이 육신이 된 그 사건으로 말미암아, 신이 인간 안에 실재가 될 수 있음을 보여주었다. 간단하게 말하자면, 하나님이 실제 인간이 될 수 있다면, 그때 인간이 참된 하나님의 성품을 소유할 수 있다. 이것이 인간에게 베풀어진 하나님의 성품이요, 보이지 않는 영적 실재요, 인간의 악한 성향을 극복할 수 있는 가능성이요, 윤리적인 삶을 살아 갈수 있는 이유이다.

루터교인들은 이러한 참된 변화, 영적인 변화가 일어나 사람이 선을 행할 수 있다는 사실을 받아들이지 못하였다. 구원의 열매로서 윤리적 삶을 강조하는 아나뱁티스트들의 주장은 한낱 "의를 추구하는 행위"에 불과한 것이라고 여겼으며 이러한 비판은 깨달음이 없어서 생겨난 것이다. 자연과 물질과 순간에 머물러 있을 수 없는 인간 본성의 실재는 이 세상과 죽음까지 초월할 수 있는 하나님과의 교제의 가능성과 영원한 의미를 부여해 준다. 만약 예수 그리스도께서 신이면서 동시에 인간이 하나된 모습이 아니라면, 인간의 본성은 변화될수 없고, 구원은 한낱 망상에 불과한 것일 뿐이다.

새로운 탄생은 이전에 없던 새로운 존재론적 변화를 몰고 온다. 인간은 물질이 아니라, 인격이기에 본질상 성장의 법칙을 따르게 되어 있다. 이것은 단지 물리적인 성장에만 국한되는 것이 아니라, 영적인 성장에도 관련되어 있다. 그러므로 새로운 출생을 통해 존재 그 자체에 성장이 일어나며, 성장하도록 되어 있는 것이다. 주의 만찬의 신비 속에는 바로 이러한 성장에 대해 네덜란드 아나뱁티스트들의 실제적인 경험이 녹아있다.

메노와 더크는 요한복음 6장을 통해 예수가 최후의 만찬에서 말한 살과 피가 물질적인 것을 뜻하는 것이 아님을 분명하게 지적하고 있다. 그것은 끊임없이 지속되어야 할 영적인 영양 공급을 상징하는 것이다. 말씀이 되신 그리스도의 실재는 영적인 것이지 육적인 것이 아니다. 요한복음 6장에서, 무리를 먹이시는 것은 신뢰를 먹고 마시는 것으로 해석되어야 한다. 그리스도를 진실로 신뢰하고 복종하는 신자만이 주의 만찬에서 그리스도를 먹고 마시는 것이다.

네덜란드 아나뱁티스트들은 베델 칼리지 메노나이트 교회의 창문에 아로새겨져 있는 여러 상징들에 대해 고마움을 표하고 있다. 교회의 창문에는 단순히 잔과 빵이 아니라, 포도주잔 위에 포도를, 빵 위에 밀을 그려 넣었다. 이는 포도가 으깨어져 한 잔의 포도주가 되고, 밀이 분쇄되어 빵이 되는 아주 오래 전부터 내려오는 의미를 그대로 반영하는 것이기 때문이다.9) 그러므로 그리스도와 함께 먹고 마시는 연합은 수많은 지체들이 한 몸을 이루는 것과 긴밀하게 연결되어 있다. 즉 성찬은 개인적인 것이 아니라, 공동체와 전체적인 것이다.

성찬은 단순히 영적일뿐만 아니라 윤리적이며 실천적이다. 그리스도의 교제에 들어가려면, 함께 빵을 떼는 사람들이 누구인지 먼저 알아야 한다. 빵을 떼는 사람으로서 당신은 특별한 방식으로 함께 빵을 떼는 사람들 한 사람 한 사람에 대해 책임을 져야 한다. 영적으로 그들의 영혼에 대해 잘 알고 있어야 하며, 실제적인 필요가 무엇인지 잘 알고 있어야 한다. 이와 같이 그리스도의 몸으로 성장하는 영적 연합은 믿음 안에서 예수 그리스도를 먹음으로써 이루어진다.

제자도의 삶

말씀이 육신이 된다는 이러한 진리와 영적인 성장을 통해 함께 자라가는 연합은 우리를 제자도의 삶으로 이끌어 간다. 수 많은 크리스천들이 오직 믿음으로 말미암아 의롭게 되는 것은 하나님 앞에 서게 되는 변화였다. 즉 하나님의 은혜를 기뻐할 때 찾아온다고 하였다. 예수 그리스도의 성육신에 대한 그들의 교리와 함께 아나뱁티스트들은 칭의를 어떤 입장이나 생각으로서가 아니라 삶의 변화라고 믿었다.

크리스천의 삶에 대한 이러한 이해는 그들에게 제자도를 강조하는 삶을 살도록 만들었다. 아나뱁티스트들은 믿음으로 말미암아 의롭게 된다는 교리를 부정하거나 거절한 것이 아니라, 믿음의 열매로서 삶의 윤리가 뒤따라오지 않으면 아무것도 아니라고 한 것일 뿐이다. 그들에게 믿음의 발전과정은 세 단계로 이루어진다. 1) 초기 단계로서 육적인 사람은 회개를 필요로 한다. 2) 믿음을 선물로 받게 되면, 신의 성품이 인간에게 회복되며, 하나님의 사랑을 알게 되고 동료들을 사랑할 수 있게 된다. 3) 마지막단계는 사랑이 실제 행위로 드러나게 되는 것이다. 이 사랑은 어떤 부드러운 감상이나 감정이 아니다. 왜냐하면 그것은 그리스도의 명령에 복종하고 실천을 필요로 하기 때문이다. 이러한 신앙의 과정에 대해 더크 필립스는 "성령은 신의 성품에 참여하도록 사람을 새롭게 하고, 거룩하게 하고, 새로운 피조물로 만든다."고 표현했다.[10]

사랑의 요구는 사람이 갖고 있는 두 가지 관계에 영향을 미친다. 첫 번째 관계는 하나님과 사람의 사랑에 영향을 받지 않는 하나님을 알지 못하는 교회 밖의 사람들과의 관계이다. 크리스천들의 삶은 이러한 사람들에게 악감과 적대감을 불러일으키게 될 뿐이다. 그러나 이들이 보이는 적대감에 대해 믿는 사람의 반응은 친절함이 아니라 사랑과 인내일 뿐이다. 그리스도의 십자가는 매일의 경험이다.

두 번째로 교회 내에서의 관계로써 사랑에 서로 반응하고 돌보는 관계이다. 이러한 관계는 동료 신자들에 대해 특별하고 색다른 관계를 요구한다. 영적으로 이들은 신실함과 규율을 지키도록 서로 훈계하는 사람들이다. 영적인 관심사는 점점 더 극대화되지만, 사랑이 단순이 영적인 차원에만 머무르지 않는다. 자연스럽게 이들의 사랑은 서로를 돕는 모습으로 표현되기 때문이다.

제자도에 대한 이러한 요구가 더 이상 추상적인 가르침이 아니라는 것은 더크 윌렘스Dirk Willems의 이야기를 들어보면 잘 알 것이다. 1569년 네덜란드 정부 당국은 아나뱁티스트 신자들을 붙잡으라는 칙령을 발표했다. 더크는 그를 붙잡으러 오는 사람으로부터 얼어붙은 강을 건너 도망쳤다. 그러나 그를 따라오던 추격자가 얼음이 깨지는 바람에 차가운 물속으로 빠지고 말았다. 더크는 추격자가 물에 빠지는 것을 보자 곧장 돌아가서 그를 구해 주었다. 그는 자기를 구해준 더크의 행동에 깊이 감명 받았다. 그래서 더크를 놓아주길 원했다. 그러나 강둑에서 지켜보던 그의 상관은 더크를 다시 붙잡을 것을 명령했다. 그 결과 더크는 이들에게 붙잡혔고, 몇 주후 그는 아나뱁티스트라는 이유로 처형당하였다.[11]

제자도의 삶이란 그리스도-신비주의의 한 형태이다. 그러나 이는 단순히 그리스도와 함께 연합되고 한 몸을 이루는 개인적인 경험이라기보다는 그리스도가 행하셨던 것처럼 살거나 그렇게 살아가야 하는 제자를 의미한다. 그리스도 안에서 새로운 피조물로 사는 사람은 여전히 자연인으로 사는 모습과는 다른 인생을 살아간다. 일반적으로 문화와 사회는 인간의 본성에 기초하여 구성되기 때문에, 일단 그리스도의 몸을 이루고 나면 그런 세상에 순응하여 살수 없다. 네덜란드 아나뱁티스트들이 구체적으로 실천했던 두 가지 예는 결혼과 국가와의 관계로서 이들의 제자도가 어떠했는지 가장 잘 드러나 있다.

특별히 더크는 결혼에 두 가지만 존재한다고 주장하였다. 불신자들 간의 결혼이 하나이며, 신자들 간의 결혼이 또 다른 하나이다.[12] 그에게 신자와 불신자 사이의 결혼은 불가능하다. 더크에게는 그리스도께 자신을 드리기로 헌신한 사람이 그리스도께 아무 것도 드릴 생각이 전혀 없는 사람에게 어떻게 자신을 내어줄 수 있는가 상상조차 할 수 없는 일이었다. 결혼은 그리스도의 높은 기준을 이루어나가기 위해 자신을 서로에게 내어주는 것으로써 거룩한 두 사람이 동시에 그리스도를 인정하는 것이기 때문이다. 결혼은 인류가 번성하는 목적을 위해 육체적 혹은 자연적인 관계로 들어가는 것을 의미한다. 그러기에 결혼에는 크리스천 결혼이 있고 불신자들의 결혼이 있을 뿐이다. 대부분의 아나뱁티스트들에게 있어서 중간지대란 있을 수 없다.

국가와의 분리 또한 엄격히 요구되었다. 아나뱁티스트들에게 국가가 존재하는 목적은 착한 사람들을 행악자들로부터 보호하기 위함이었다. 원래 국가는 세상을 위해 존재하는 것이기 때문에, 국가는 세상을 통제하기 위해 무력을 이용한다. 그러나 크리스천들은 교회에 속해 있는 사람들이다. 교회는 영적이며, 그러기에 영적인 무기만을 사용해야 한다. 메노는 수 많은 개혁가들이 이단을 처형하는 것을 거룩한 것으로 여겼기 때문에 그들을 피흘리기 좋아하는 사람들이라 부르기도 했다. 크리스천들은 무력 사용을 철저히 거부해야만 하는 사람들이다. 십자가의 길은 그리스도의 가르침과 모범에 순종하는 고통의 길이며, 무저항의 길이다.

국가에 대한 맹세 또한 크리스천들이 해서는 안되는 일이다. 메노는 맹세가 무엇이냐고 물었던 어린아이에게 답한 적이 있었다. 메노는 네가 어떤 하나를 붙들고 진리를 말하지 않을 때 어쨌든 다른 사람들이 너를 믿게 되는 상황이라고 대답해 주었다. 네덜란드 아나뱁티스트들은 한 사람이 자신이 말한 모든 것에 신실해야 할 것을 요구하였다. 그렇게 모든 상황에 진실 된다면, 맹세는 필요 없는 것이다. 맹세를 하지 않는 것은 진리를 위해 필요할 때 바른 부정적으로 보일지라도 바른 말을 해야 하는 것이다.

신자들의 교제

다음으로 소개할 네덜란드 아나뱁티스트들이 믿고 있는 것은 거룩한 사람들이 갖는 교제로서의 교회에 대한 신념이다. 교제라는 뜻의 네덜란드어와 독일어에는 영어보다 훨씬 더 풍부한 의미가 담겨있다. 거기에는 세가지 용법이 있다. Kerk 혹은 Kirche; Gemeente 혹은 Gemeinde; 그리고 Secte 혹은 Sekte. Kerk 라는 단어는 교회의 조직 및 제도가 갖는 측면을 강조한다. 실제로 그러한 측면이 있다. Gemeente는 교제라는 뜻을 가지며, 교회의 유기적인 측면과 협동하는 측면을 강조한다. 네덜란드 아나뱁티스트들은 이것이 교회의 핵심 개념이라고 생각한다. Secte라는 단어는 여러 지체로 구성되어 있는 몸으로서 그룹을 강조한다.

메노는 개혁가들과 로마 가톨릭 신자들이 조직 및 제도적 교회 혹은 여러 지체로 구성되어 있는 그룹 차원의 교회를 강조한다고 여겼다. 그는 사람들이 만든 관습과 전통이 그리스도의 교회에 더해졌음을 고발하였다. "분파"는 교리와 실행예식이 사라졌거나 타락한 사람들의 모임으로써 데이빗 조리스를 추종했던 사람들이나 뮌스터 그룹이 그 좋은 예이다.

개혁가들은 지역에서 살고 있는 모든 사람들이 소속되어 있는 제도적 장치를 교회로 여겼다. 네덜란드 아나뱁티스트들에게 교회란 거룩한 사람들만으로 구성된 교제, 즉 성령의 인도하심으로 그리스도께 합류한 신자들, 그리하여 그리스도의 몸 안에서 서로 연결되어 있는 신자들이어야만 했다. 그러한 교제의 모임으로써, 교회는 단순히 역사 속에 존재할 뿐 아니라, 하나님과 함께한 천사들과의 교제로서 역사를 넘어서는 것이 되었다.

    사람들은 세례 및 순전하고 거룩한 생활로서 신자들인지 아닌지 알아보았다. 특히 순전하고 거룩한 생활은 신자들이 자신의 연약함과 실수로 인하여 넘어지기 쉬울지라도 진실로 여겨졌다. 여전히 신자들은 이 세상에 속하여 살아야 했고, 그들이 순전하고 거룩한 모습으로 살기 위해 고군분투함에도 이생에서 결코 완벽할 수 없게 될수도 있었다. 이러한 신자들은 자발적으로 한 몸을 이루며 성령 하나님의 인도하심을 따라 살아있는 실체가 되고자 했다. 이것은 크리스천들의 성장에 있어서 핵심 내용이자 본질이었다. 그러기에 교회는 세상으로 나아갈 수 있는 하나의 방주요, 후원과 갱신이 필요할 때면 돌아올 수 있는 방주이기도 했다.

    메노와 더크가 좋아했던 표현은 "복음적 분리"였다. 그러나 우리는 이를 교회의 규율로 부르며 교회 교리의 긍정적인 부분이면서 동시에 부정적인 부분으로 이해하고 있다. 만약 신자들의 무리가 교제를 위해 세상을 떠나 참된 교회로서 그리스도의 몸을 이룬다면, 교회를 떠나 세상으로 돌아가는 사람은 더 이상 신자가 될 수 없게 되었다.

이러한 범주에 속하는 죄는 네 가지로 분류할 수 있다. 1) 이미 정해져 있는 것으로서 날때부터 갖고 태어나는 원죄. 2) 회심에 이르기 전 원죄로부터 파생되는 실제적인 죄, 그러나 후에는 본인이 스스로 책임져야 하는 죄. 3) 모든 사람이 육체적인 연약함으로 회심한 후에 연약한 본성으로 말미암아 짓게 되는 인간적 연약함과 실수들. 4) 그 사람이 회심한 이후에 짓는 의지적인 죄이며 회개하지 않는 죄들.13) 복음적 분리에 해당되는 유일한 죄는 4)에 해당되는 것뿐이다. 이것은 그 사람이 더 이상 그리스도 안에서 살지 않기로 작정한 것임을 드러낸다.

　이렇게 분리를 실행하는 데는 세 가지 이유가 있다. 1) 죄인을 회개로 이르게 하며, 그의 구속을 이루기 위함이며, 2) 죄의 전염과 타락으로부터 다른 신자들을 보호하기 위함이며, 3) 이 세상에서 교회의 평판을 올바르게 하기 위함이다.14) 초기에 강조되었던 것은 회심과 새 창조였으며, 이러한 죄인의 구속은 항상 우선적으로 언급되었다는 점이 무척 흥미롭다. 네덜란드 신자들이 두 번째 강조점, 즉 교회를 강조하면서부터는 그 순서가 바뀌게 되었다. 그들의 우선적 관심은 잘못을 바로잡는 것으로써 수많은 분리의 역사가 반복되었다.

　이처럼 교회는 단순히 세상으로부터 분리된 신자들의 모임이었을 뿐만 아니라, 교회로부터 세상을 제외시킬 필요가 있었다. 이러한 복음적 분리는 이미 실제적으로 실행되고 있었으며 공식적인 모습으로 자리하게 되었다.

순교의 신학

네덜란드 아나뱁티스트들의 기본 신념 중 하나는 두 왕국에 대한 신념이다. 더크 필립스는 교회에 대한 자신의 논문에서 보다 폭넓게 받아들여지고 있는 교회사의 의미에 대한 깊은 이해를 표현하였다.15)

세상에는 두 왕국이 존재한다. 이 두 왕국은 역사 이전부터 존재하였다. 하나님은 천사들을 창조하셔서 거룩한 존재들로 하여금 하나님을 찬양하게 만드셨고, 역사 속에서 사람들을 섬기게 하셨다. 이들은 아담과 이브로 역사에 기록되어 있는 교회의 원형이 되었다.

하늘에서 배교가 일어났다. 자신을 만드신 창조자를 거역하는 거짓 천사들에 의한 배교였다. 그들은 하나님으로부터 분리되었고, 하나님은 그들에게 활동의 제한을 두셨다. 하나님의 허락이 없이는 활동할 수 없게 되었다. 이러한 배교가 있은 후, 하나님이 허락하시는 만큼의 갈등이 생겨났다. 갈등은 애초에 교회를 시작한 그 사람에게로 전이되었다. 그러나 이 땅에서 배교가 일어나자마자 곧바로 회복이 시작되었다.

배교의 역사 내내, 갈등과 회복은 끊임없이 이어져 내려왔다. 역사는 바로아벨로 대변되는 하나님의 교회와 가인으로 대변되는 사탄의 회중 사이에 존재하는 갈등을 기록한 것이다. 하나님의 교회는 항상 적그리스도 교회에 의한 박해를 받도록 되어있다.

예수 그리스도의 성육신과 더불어, 갈등은 최고조에 달했고 그 갈등은 아직도 계속되고 있다. 예수 안에서 갈등은 하늘에 속한 것이기도 하고 땅에 속한 것이기도 했다. 즉 우주적인 것이기도 했고 역사적인 것이기도 했다. 십자가는 이 갈등을 드러내는 상징이자 승리의 열쇠였다.

궁극적으로 십자가와 부활로 말미암아 하나님이 승리하실 것이라는 결정적인 계시에도 불구하고, 갈등이라는 주제는 역사 속에서 사라지지 않고 지속되고 있다. 그 이유는 인류가 진리를 보고 싶어 하지 않기 때문이다. 교회는 세상으로부터 분리되어 영원한 나라로 존재한다. 비록 끊임없이 박해를 받고, 고난을 받을 지라도, 교회는 승리했고, 지속적으로 승리할 것이다.

한 사람이 기꺼이 죽음으로써 무엇이 가장 소중한 것인지를 보여 주었다. 많은 사람들이 그를 따라 죽은 것은 생명의 의미에 대해 그 그룹이 확신했던 것이 무엇이었는지를 분명하게 드러내주었다. 수많은 아나뱁티스트들이 박해와 세상에서 가장 잔인한 고문과 죽음을 직면해서도 시종여일한 모습을 보여 주었던 것은 그들이 붙들고 있던 진실한 가치와 기본 신념에 대한 통찰력을 보여주는 것이었다.

아나뱁티스트들은 자신의 믿음을 보장해 주는 것으로써 순교를 이해하였다. 예수 그리스도의 제자가 되기 위해서 그들이 부름을 받고 선택받은 사람이라면 고난과 박해가 당연히 뒤따라온다. 그러기에 순교는 견뎌야 하는 것이며, 승리로 변화 된다. 순교를 달게 받는 것은 하나님이 주신 은혜에 대해 감사하는 표시였다. 이러한 감사는 진리를 드러내고, 증거하는 행위이다. 순교는 사상이나 추상적인 철학이 아니다. 그것은 역사 속에서 그리고 인류 역사를 넘어선 영역에까지 예수 그리스도가 참된 계시임을 확증하는 것이다.

영생의 길은 예수 그리스도를 위한 고난과 수난을 통해서만 이루어진다. 생명의 열매를 맺으려면 한 알의 밀이 땅에 떨어져야만 한다. 모든 것은 왔던 데로 돌아가도록 되어 있다. 먼지는 먼지로 되돌아간다. 마찬가지로 하나님의 신성은 그것이 참인지 거짓인지 검증되어야 한다. 고난과 박해를 통해 단련된 사람은 예수 그리스도를 닮은 모습으로 영생에 참예하게 될 것이다. 만약 신자가 예수의 제자로서 그의 방법을 받아들인다면, 영생을 보장 받을 것이며 그리스도의 최후 승리에 참예하게 될 것이다.

네덜란드 아나뱁티스트의 기본적 신념들이 무엇이며, 이들 간에 존재하는 상관관계가 어떠한지 다시 살펴보자. 당시에 성행했던 갱신에 대한 관심이 개인적인 경험에서 교회의 존재로 바뀌게 된 방식을 진지하게 살펴보자.

하나님 말씀의 씨앗은 설교자에 의해 뿌려진다. 그 씨앗은 아주 역동적이며 살아있는 씨앗으로 영적인 실재로 존재한다. 이 씨앗으로부터 그리스도 안에서 새로이 창조되는 새로운 영이 생겨난다. 이 새로운 영을 소유한 사람은 신의 성품으로 변모하며, 신의 성품에 참예하게 된다. 그는 세례를 받음으로써 다른 크리스천들에게 자신의 새로운 삶을 증거하며, 그리스도의 몸을 이루게 된다.

갱신은 단지 태어나는 것이지 성숙한 피조물이 되는 것이 아니다. 말씀이 육신이 되었기 때문에, 우리가 신의 성품에 참예할 수 있고, 무한한 모습으로 자라갈 수 있는 것이다. 새로운 피조물은 주의 만찬을 통해 영양분을 공급받는다. 믿음 안에서 순종함으로써 그리스도처럼 되어간다.

새로운 피조물은 믿음과 사랑을 따라 산다. 제자도의 삶이란 세상과의 관계에 영향을 미치고, 회개로 그를 이끌며, 세상이 적대감을 보이고 박해할 때도 이를 기꺼이 받아들이는 모습으로 나타난다. 새로운 피조물은 세상에 순응하거나 타협하지 않는다. 이는 결혼 관계와 국가와의 관계를 정리하고, 맹세하지 않으며, 믿음의 지체들 간에 서로 도움을 주는 삶을 살아감으로써 인격적인 성실성을 드러낸다.

교회는 거룩한 존재로 함께하는 교제이다. 교회는 제도나 기관이 아니라, 그리스도의 몸이다. 교회는 신자들과 함께 하는 교제에 의해 완전해 지지는 못하지만, 그리스도께서 완전함을 미리 맛보도록 하시기 때문에 충분히 그 완전함이 무엇인지 깨달을 수 있다. 새로운 피조물로서 제대로 영양을 공급받지 못해, 태어나자마자 죽게 된 사람들은 다시 속죄함을 받기를 희망하는 가운데 교회에서 분리되어 세상으로 보내지도록 해야 한다.

교회는 늘 갈등의 한 가운데에 존재한다. 갈등은 단지 시간과 역사에만 속한 것이 아니라, 그 너머에까지 존재한다. 새로운 피조물에게 잠시 잠깐 존재하는 갈등은 충분히 극복될 것이다. 순교가 이러한 것을 검증해 줄 것이며 그리스도의 승리가 실재임을 증거해줄 것이다.

그리스도의 제자가 되는 것은 사람을 변화시키고 거룩하고 새로운 공동체에 속하도록 인도한다. 새로운 공동체는 이러한 변화를 통해 보이지 않는 실재가 무엇인지 발견함으로써, 곧 멸망하고 말 세상의 일들을 넉넉히 견딜 수 있게 도와준다. 세상과 분리된 사람은 죄에 의해 파괴되고 깨어진 것들을 회복하기 위해 전혀 새로운 모습으로 세상을 섬길 수 있을 것이다.

후주

1) *The Complete Writings of Menno Simons*,(Scottdale, Pa.; Herald Press 1956), p. 273.
2) Ibid., pp. 92, 164, 393ff., 938.; Dirk Philips, Enchiridion or Handbook... translated by Abram B. Kolb(Elkhart, Indiana, 1910), pp. 25, 45, 184ff., 298, 301ff.
3) *The Complete Writings of Menno Simons*, p. 504, 563; Dirk Philips, op. cit., pp. 25ff., 45.
4) *The Complete Writings of Menno Simons*, p. 760.
5) *Ibid.*, p. 668ff.
6) *Spiritualist and Anabaptist Writers*, ed. George H. Williams. Library of Christian Classics, vol. XXV, p. 15ff.
7) P. 836.
8) "Incarnation of Christ," *Mennonite Encyclopedia,* Vol. III,(Scottdale, Pa.: Mennonite Publishing House, 1957)., p. 18ff.
9) *Complete Writing of Menno Simons,* pp.145, 515; Dirk Philips, op. cit., pp., 78-81; H. H. Wessel, *De leerstellinge strijd tusschen Nederlandsche Gereformeerden en Doopsgezinde in de zestiende eeuw*(Assen, 1945), p. 299ff.
10) Dirk Philips, *op. cit.*, p. 318.
11) Thielman J. van Braght, *The Bloody Theater or Martyrs Mirror of the Defenseless* Christian,(Scottdale, pa.: Mennonite Publishing House, 1951), p. 741ff.
12) Dirk Philips, *op. cit.*, p. 318
13) *Complete Writings of Menno Simons*, pp.536-66.
14) *Ibid.*, pp. 414, 723ff., 968; Dirk Philips, op.cit., pp. 390ff., 521ff.
15) Dirk Philips, *op. cit.*, pp. 369ff.

3. 메노 시몬스의 믿음과 이성에 대하여

윌리암 키니(William Keeney)

고등교육에 대한 반감을 가졌던 다양한 메노나이트 그룹의 역사를 고려해 볼 때, 메노 시몬스의 죽음을 기념하는 마당에 믿음과 이성에 대해 살펴보는 것 자체가 이상하게 여겨질 수 있을 것이다. 사실 메노의 저작에서, 세상의 고등교육에 대해 주저하는 모습을 얼마든지 찾아볼 수 있다. 뿐만 아니라, 이성에 대해 언급하는 것을 꺼려하는 모습을 쉽게 발견할 수 있다. 마틴 미크론Martin Micron과 오하네스 라스코 Johannes a Lasco처럼 메노를 반대했던 사람들은 이러한 메노 시몬스가 성경 원어에 대한 지식을 갖고 있었던 것과 성경을 깊이 배우는 것 자체에 대해 모멸감을 느끼기까지 했다. 실제로 메노는 세상의 지혜를 어리석은 것이라 여겼다. 실제로 그는 철학과 속임수를 쓰는 사람들에 대해 말하면서, 의혹과 경멸감의 의미로 "학식 있는 사람"이라는 표현을 자주 사용하였다.

우리가 지금 기억하고자 하는 메노 시몬스란 사람이 정말 그런 단어를 사용했는지, 그리고 경멸스럽다고 하면서 자기 자신은 얼마만큼 배웠는지 그 정도에 대해 잘 알지 못한다. 그러기에 지식 대한 그의 태도, 특별히 종교적 지식과 인간의 능력에 대한 그의 태도가 어떠했는지 제대로 알기 위해서는 믿음과 이성에 대한 그의 생각을 심층 분석해 보아야 한다.

이성과 그 아류

역사적으로 볼 때, 메노는 소위 말하는 교육을 많이 받은 사람들과 지식인들의 도움을 받지 않는 가운데 구원을 경험하였다. 그의 주변에는 교육을 많이 받은 사람들이 있었음에도 불구하고 메노는 그들의 도움을 받지 않고 진리를 발견하였다. 회심에 대해 설명해 놓은 자전적 기록에 따르면, 자신이 의심하고 있는 교리, 즉 화체설 및 유아세례에 대해 어떻게 생각하는지 갈리우스 파버Gallius Faber에게 이야기했다. 특별히 유아세례에 대해 메노는 교회 교부들의 기록을 연구하였으나, 그다지 큰 도움은 얻지 못했다.

메노가 가졌던 주된 갈등은 공적인 교육을 받고 난 후, 논리 및 언어학적 방법을 사용함으로써 우월의식을 가졌던 사람들에게서 주로 발견된다. 종교개혁이 일어나기 전 약 2세기 동안, 종교적 신념을 증명하기 위해 이성을 사용하면서 드러난 이러한 학자주의적 태도가 너무 지나친 모습이었다는 사실에 대해서는 의심할 여지가 없다. 종교개혁은 바로 이러한 극단적인 모습에 대한 저항이기도 했다. 물론 그러한 저항이 전부는 아니다. 그러나 적어도 메노에게 논리적이고 언어학적인 논쟁은 성경을 알기 위해 꼭 필요한 요구사항을 무시하거나 회피하려는 이성적인 시도로 보였다.

이처럼, 자신보다 더 많이 배운 사람들과의 갈등이나 회심의 제반 환경을 고려해 볼 때, 메노는 이성을 사용하는 사람들이나 고도로 숙련된 모습으로 자신의 신학적 입장을 설명하려드는 사람을 불신하였다. 아담 때부터 이미 인간 이성이 타락하였다고 본 그의 견해는 그다지 독특한 사상은 아니었다. 메노는 이미 자기 자신의 경험으로부터 인간 이성이 타락하였음을 결론지었다. 그러나 인간 이성이 타락하였다고 해서, 그것이 완전히 파괴되었다는 것이 아니다. 그가 타락한 인간 이성에 대해 지적하고자 한 것은 인간 이성이 안전한 안내자가 될 수 없다는 것을 의미하는 것이다. 즉 바라는 결과를 제시하려는 인간의 시도로 인해 인간 이성이 제대로 사용되지 못함을 의미한다. 이러한 실패로 말미암아, "이 세상의 신"은 이성을 의지하는 사람의 눈을 멀게 할 수 있었다.[1]

메노는 전통 또한 지식에 이르는 안전한 안내자가 될 수 없다고 보았다. 그는 유아세례에 대해 초대 교부들의 관점이 어떠한지 연구하였고, 그들의 견해와 성경이 반대되거나 일치하지 않음을 확인함으로써 이들의 관점을 신뢰하지 않았다. 실제로 그는 로마 가톨릭 교회가 가르치는 화체설을 믿어보려고 많은 애를 썼다. 그가 처음 성찬식을 거행한지 약 8년 동안 늘 찾아드는 의심을 떨쳐보려고 애를 썼음에도 불구하고, 이를 주장하는 교회 권위에 대한 의심은 점점 커져갔다. 마침내 그가 교회를 떠나고자 결단했을 때, 그는 더 이상 교황의 권위나 그 어떤 사람의 권위도 최고의 권위가 될 수 없다고 믿었다. 교회 권위를 거부하기 위해 그는 잠시 루터에게 기대었음을 시인했다.2)

사람이 전통적인 관점에 호소하면, "일정 기간 동안 하나님의 말씀에 기댈 수 없게 된다."3) 낡은 관습이나 실행은 올바른 보증이 되지 못한다. 그것은 단지 자주 반복함으로써 합성된 잘못에 불과하다.

이성과 전통이 권위를 보증하는데 있어서 안전한 토대가 되지 못한다면, 도대체 무엇을 의지해야 한단 말인가? 어떤 사람들은 자신의 경험을 믿으라고 하며, 멜키어 호프만과 데이빗 조리스 같은 사람들은 성령이 보여주시는 꿈과 계시를 믿으라고 한다. 여기에서 메노는 과연 그러한 권위가 유효한지 질문한다. 그가 이러한 꿈과 비전을 신뢰하지 못했다는 것은 그다지 이해하기 어렵지 않다. 뮌스터 사건의 실패는 이러한 계시가 옳다고 주장한 데서 비롯된 것이었다. 메노의 친 동생도 세상의 왕국을 세우고자 희망을 걸었던 데 현혹되어 희생자가 되었다. 멜키어 호프만과 잰 마티스, 잰 반 리덴이 특별한 꿈으로 동생을 현혹한 것이었다.

호프만은 자신이 투옥되자, 이는 하나님의 나라가 2년 안에 이 땅 위에 임하도록 준비시키기 위한 종말론적 사건이며, "계시"를 통해 특별한 예언과 비전이 곧 성취될 것이라고 기뻐하였다. 그러나 그가 10년이라는 오랜 세월을 감옥에서 보냈으나, 그의 예언은 성취되지 않았다. 하나님의 뜻이 이루어지리라 장담하던 호프만의 망령된 예언과 비전은 곧 성령운동가들의 비현실적인 설명으로 대치되었다. 이러한 것을 목격한 메노는 그러한 계시는 한낱 꿈과 환상에 불과한 것이라 여겼다. 이들 또한 이성으로써 동일한 약점을 갖고 있었다. 왜냐하면 그들의 주장은 한낱 인간적 의견을 투사한 것에 불과하기 때문이다.

그렇다면 경험은 어떤가? 이성과 꿈과 환상이 아닌 실제 경험이 있지 않은가? 그러나 이러한 경험조차 완전히 신뢰할 만한 것은 못되었다. 왜냐하면 이러한 경험의 권위가 인간에 있기 때문이며, 인간 이성과 마찬가지로 인간 경험 또한 신뢰할 만한 것이 못되기 때문이다. 제대로 된 안내자로서 경험을 사용하기 위해서는 그 경험이 어떠한 것인지 제대로 해석해야만 한다. 만약 우리가 경험한 것을 해석할 때, 욕심에 따라 그것을 왜곡 시킬 수 있기 때문에 여전히 안내자로서 경험을 신뢰할 수 없게 된다.

지식에 대한 안내자로서 제자도

만약 꿈과 비전을 통한 이성, 전통, 계시 및 인간 경험조차 우리를 지식에 이르지 못하게 한다면 우리는 어디로 가야하는가? 메노는 우리가 쉽게 말하는 신앙에 의지하라고 한다. 그러나 그가 말하는 신앙이란 "제자도"라는 말로 이해해야 할 것이다. 영적인 지식은 복종이란 행위를 통해서 이루어지기 때문이다.

신앙과 이성에 대한 메노의 관점을 제대로 분석하고자 한다면, 신앙은 이성을 의지하고, 이성은 신앙을 의지하는 모순을 해결해야 한다. 메노가 말하는 지식의 기초로서 신앙이 무엇인지 보지도 못하고 경험하지도 못한 사람들에게는 다람쥐 쳇바퀴 도는 모습일 뿐이다. 지식의 수단으로써 그리고 삶의 권위로써 믿음은 우리가 볼 수 없다. 그러기에 믿음을 충분히 이해하기 위해서, 우리는 생동감 있는 관계 속에서 유기적으로 전체를 보아야만 한다.

종교 지식, 영적 실재에 대한 지식은 우리가 부정하거나 거부할 수 없는 모습으로 우리를 강요하지 않는다. 하나님을 아는 지식은 그다지 분명하지 않아서 우리는 단지 그것을 관찰하고 진리를 통해 이해할 뿐이다. 알기 위해서 우리는 헌신적인 믿음으로 신뢰 및 복종해야만 한다. 믿음은 우리가 인격으로 반응할 때만 우리에게 찾아오며, 그렇게 밖에 믿을 수 없다. 그러기에 제자도는 지식에 이르는 길이다.

그렇다면 그것은 경험이 아니란 말인가? 욕망에 의해 이끌리게 되는 것은 개인적 관계의 요소가 아닌가?

메노는 제자도가 단지 우리 자신의 뜻과 욕망, 혹은 경험에 대해 말하는 것이 아니라고 했다. 제자도는 그리스도의 뜻과 그분의 욕망을 따르는 것이며, 그리스도의 뜻과 욕망은 예수 그리스도의 가르치심과 모범, 그리고 성경이 제시하는 사도들의 가르침과 모범을 통해서 알 수 있다.

지식의 수단으로써 제자도나 믿음을 사용하려면, 주관적인 경험, 신자의 개인 반응은 성경의 객관적인 안내를 따라야 한다.

메노는 항상 이성에 의해 모든 것을 이해하지는 못하지만, 자신이 믿고 있고 고백할 수 있음을 여러 번 주장했다. 종교 지식은 이해를 동반한 이성의 행동이라기보다는 순종을 통한 도덕적 반응의 문제다. 실제로 순종을 통한 도덕적 행동은 이성의 적절한 사용을 필요로 한다.

일단 한 사람이 성경을 믿고 따르기로 했다면, 이성을 적절히 사용하게 될 것이다. 사람이 제자도를 따라 살고자 할 때, 세속적인 마음은 보다 더 나은 모습으로 변화하게 될 것이다.4)이성은 출발점을 제공하며, 이전에 경험한 것과 이미 받아들여진 사실들을 받아들이기 어렵지 않을 것이다. 성경은 사실을 제공하고, 성경에 대한 개인적 반응과 성경이 보여주는 그리스도에 대한 반응은 영적인 현실 속에서 참된 경험을 하도록 만들어줄 것이다.

예수 그리스도는 하나님의 말씀으로 지식의 기초이다. 그것은 성경에 기록되어 있는 말씀을 말하는 것이 아니다. 그것은 실제적인 사실을 진술하는 설명들을 말하는 것이 아니다. 실제 글자는 그 자체로 살아있는 것이 아니라, 죽은 것이다. 그러나 제자도를 따라 도덕적으로 반응할 때, 살아있는 실재로서 그리스도께 그 문자의 한계를 넘어 진실한 의미가 살아나는 것이다. 제자도 안에서 실제로 훈련되는 믿음은 살아있는 현실이 어떤지 알게 해준다.

일단 우리가 그리스도 안에서 살아있는 실재를 체험한다면, 지식에 있어서 흔들리지 않는 참된 터를 닦은 사람이 된다. 일단 그 터를 발견하면, 믿음에만 전적으로 의지하지 않는 지식, 그러나 경험과 이성을 사용할 수 있는 지식으로 나아갈 수 있게 된다. 이러한 지식만이 전통과 관습이 올바르지 않은지 확인해 줄 수 있다.

메노는 젤리우스 파버와의 논쟁에서 이러한 것을 분명하게 설명하였다. 파버는 자신의 논쟁을 증명하기 위해 삼단논법식의 추론을 사용하였다. 메노는 그러한 추론이 사실이 되려면 제시된 전제가 사실이어야만 한다는 점을 분명하게 지적하였다. 누구든지 추론을 이용할 때는 아주 논리적이지만, 처음 제시된 전제가 잘못된 것이라면 결론도 잘못된 것이 될 수 밖에 없다. 메노는 그 어떤 교리라 할지라도 성경이 제시하는 전제와 부합하는 필요성을 고집하였다. 논리의 전제가 성경과 부합한다면, 어떤 사람이든 상관없이 그들이 사용하는 추론은 유효한 결론에 도달하게 될 것이기 때문이다. 그러기에 메노는 내려진 결론이 이성적으로 적절한지 도전하였다.

메노는 광신자도 극단주의자도 아니다. 그는 이성을 불필요한 것이라 하지 않았고, 쓸데없이 이성을 거부하지도 않았다. 어떤 극단주의자들은 이성에는 한계가 있기에 신뢰할 만한 것이 아니라는 이유로 이성을 완전히 거부한다. 메노는 이성이 적절한 때와 장소에서 기능하기만 한다면 상당한 유익을 얻을 수 있다고 했다. 그러나 그에게 이성은 믿음에 복종하는 모습이어야 했다. 특히 무엇보다 제자로 살기로 작정한 사람들에게, 이성은 상당한 도움을 줄 것이며, 지식을 발견하고 제대로 이용할 수 있는 도구가 된다고 여겼다. 메노는 정중하고 제대로 사용되기만 한다면 배움이야 말로 아주 소중한 것이라 여겼다.

메노는 언어를 사용하는 능력에 대해서도 비슷한 태도를 취했다. 언어에 관한 지식을 습득하고 언어를 배우는 것 자체는 복음의 최상의 열매는 아니지만, 이러한 배움과 지식을 무시해서는 안된다. 겔리우스 파버는 루터에게 성경 번역의 기초를 제대로 놓았다고 칭찬했다. 그러나 메노는 이러한 사실을 받아들이지 않았다. 왜냐하면 영적인 선생으로써 루터가 갖고 있던 리더십을 증명하기에는 의문점이 너무나 많았기 때문이다. 메노는 언어적 기술이 성경의 원어를 사람들의 언어로 표현하도록 도울 수 있지만, 그렇게 하기 위해 반드시 신앙 및 도적적 탁월성이 돋보여야 한다.

실제로 메노는 언어 능력을 소유하기 원했다.

> 나는 언어 학습의 중요성과 유창함을 한번도 멸시한 적이 없다. 오히려 나는 어려서부터 탁월한 언어를 구사하고자 했고, 비록 완벽한 데 이르지는 못했지만, 늘 그러한 능력을 소유하고자 노력했다. 신실한 마음을 소유한 사람들이라면 나뿐 아니라 모든 사람들이 언어에 능통하기 원한다. 그러나 내가 정말로 원하는 것을 그런 능력을 소유한 사람들이 정말로 겸손한 모습으로 언어를 구사하며, 하나님의 영광을 위해, 우리 동료들을 올바로 섬기기 위해 언어 능력을 사용하면 좋겠다.[5]

메노가 언어 능력의 소중함을 인식하고 있었다는 증거는 성경이 원래 말하고자 했던 정확한 의미를 회복시키기 위해 그가 여러 다른 성경번역본을 사용했다는 사실을 통해 알수 있다. 예를 들어 그는 당시 에라스무스와 카스텔리오가 번역한 『프로샤우어 성경Froschauer Bible』과 앤트워프 지역의 제이 반 리스벨트J. van Liesveldt라는 사람이 출판한 번역본을 사용하였으며, 불가타Vulgate의 루터 번역본에 대해서는 너무나 잘 알고 있었다.[6]

메노는 이성과 지능이 영적인 실재로서 하나님을 아는 지식에 결정적인 요소는 아니라고 보았다. 이성과 지능 보다는 제자도와 믿음이 더 소중하며, 이성을 올바로 사용하려면 제자도와 믿음이 필요하다고 보았다.

이러한 그의 태도는 선하고 올바른 것이었다. 왜냐하면 모든 사람이 탁월한 생각을 가진 것이 아니며, 이성이라는 위대한 능력을 사용할 수 있는 사람이 많지 않기 때문이다. 그러나 아주 평범한 사람이라도 그들이 갖고 있는 식별력과 성경과 믿음을 따라 얼마든지 도덕적으로 반응하고, 복종할 수 있기 때문이다. 메노는 "아주 무식한 마부와 통나무를 나르는 사람일지라도, 이러한 지혜를 따라 능력이 드러난다면, 이러한 지혜의 열매를 맺을 수 있다면, 나는 그것이 최상의 열매요, 가장 훌륭한 결실"로 여겼다.[7]

그가 박사학위를 소지한 사람과 고등교육을 받은 학교 선생님들에게 한 말을 더 들어보자.

> 독자들이여, 그대들은 내가 그 유명한 박사들로부터 결코 배우지 못했던 것, 그 어느 고등교육기관에서 배우지 못했던 것, 달콤한 철학이 보여주지 못했던 것, 살아있는 능력으로 내 가엾은 영혼을 기쁘게 하는 참 지혜의 숭고함, 덕, 열매, 기쁨, 아름다움을 보지 못했는가. 나는 세상이 볼 때는 가장 유명한 지혜자이면서 하나님의 눈에는 가장 어리석은 자가 되기 보다는, 하나님의 지혜를 발견하기 위해 세상의 배운 사람들 앞에 바보가 되겠다.[8]

예수 그리스도 안의 살아있는 실재를 신뢰하고 그에게 순종하는 사람은 누구든지 하나님의 진리를 알 수 있다. 아마도 다른 사람이 아는 것처럼 완전히 모든 것을 이해하지 못할지 모른다. 그러나 만약 그 사람이 통나무를 나르는 사람이든 마부이든 믿음과 순종이라는 깨끗하고 순수한 마음으로 성경을 읽는다면, 자기 자신의 이성만을 의지하여 진리를 깨닫고자 하는 철학 박사보다 더 올바르게 살아있는 진리를 발견할 수 있을 것이다. 진리의 실제적인 의미와 인생의 목적은 거짓을 떠나 올바르게 살고자 하는 사람과 예수 그리스도의 인격에 반응하는 사람에 의해 보다 더 잘 이해되고, 드러나고, 살아있는 모습이 될 것이다.

우리는 이성을 높이 추앙하는 시대에 살고 있다. 우리는 눈에 보이는 자료를 근간으로 한 실험 과학을 최고로 여기는 시대에 살고 있다. 이러한 것은 물질계 및 자연계에 존재하는 것이 영적인 것보다 더 우월하거나 영적인 것을 배제하도록 만든다.

우리는 신적인 본질과 영적인 실재를 회복해야 한다. 철학적으로 포장하고자 했던 것과 영적인 문제를 인간 이성으로 처리하고자 했던 움직임에 대한 메노의 의심과 불신이 우리에게도 필요하다. 인간 이성과 자연 지식은 자연 환경을 다스리도록 우리에게 엄청난 능력을 부여해 주었다. 그러나 이러한 것들이 그동안 존재했던 공포, 멸망에 대한 두려움으로부터 우리를 해방시켜주지 못했다.

지식은 이성을 통해서 온다. 그러나 지식은 믿음에 의해 발견되고 통제되어야만 한다. 우리는 얼마든지 이성을 발전시켜 나갈 수 있다.

그러나 그 기초는 예수 그리스도에 기반을 둔 것이어야 한다. 메노가 늘 사용했던 성경구절을 다시 한 번 인용해보자.

"이 닦아 둔 것 외에 능히 다른 터를 닦아 둘 자가 없으니 이 터는 곧 예수 그리스도라." …. 예수의 음성을 듣고, 그를 믿고, 그를 신뢰하고, 그를 따르고, 그 안에서 희망을 갖고, 그와 함께 머물라. 그의 뒤를 따르기 위해 부지런히 애쓰고, 너 자신을 그리스도의 성령과, 그리스도의 말씀과, 그리스도의 인생에 맞추라. 그러면 속일 수도 없고 속임을 당하지도 않게 될 것이다.9)

이것이야말로 메노나이트 크리스천이든 아니든 모든 크리스천들이 기억해야 할 교육의 시작이요, 참된 지혜에 이르는 길이다.

후주

1) *The Complete Writings of Menno Simons* c. 1496-1561. Tr. by Leonard Verduin and ed. by J.C. Wenger.(Scottdale, pa., Herald Press, 1956) p. 631.
2) *Ibid.*, p. 668.
3) *Ibid.*, p. 264
4) *Ibid.*, p. 791.
5) *Ibid.*, p. 790.
6) Cornelius Krahn, *Menno Simons*(1496-1561), (Karlsruhe I. B.: Heinrich Schneider, 1936), p. 110.
7) *The Complete Writings of Menno Simons*, p.791.
8) *Ibid.*, p.791f.
9) *Ibid.*, p. 794f..

4. 메노 시몬스와 성경

러셀 매스트(Russel L. Mast)

메노 시몬스와 성경에 대한 질문을 하면서 우리는 1) 그가 어떻게 성경을 발견하였으며 2) 성경에 대한 그의 관점 및 견해 3) 성경을 어떻게 이용하였는가? 그리고 4) 성경에 대한 그의 지식에 대해 살펴보고자 한다.

그는 어떻게 성경을 발견하였는가?

메노 시몬스는 자신이 갖고 있었던 의심 및 불확실성과 씨름하면서 경험한 정신적 고뇌와 내면적 혼란이 어떠했는지 감동적으로 자신의 회심경험을 설명하였다. 그는 28세에 한 마을을 담당하는 신부가 되었다. 그렇지만 그는 그때가지 한 번도 성경을 읽어본 적이 없었다고 고백하였다. 신부가 된 후로도 아주 오랫동안 게으름, 놀이, 술로 시간을 허비하였다. 한편 미사에서 빵과 포도주를 다루면서, 그는 정말로 빵과 포도주가 예수의 피와 살로 변하는지 의심과 더불어 진지하게 고민하기 시작했다. 이러한 생각을 할 때마다 처음에는 사탄이 선동하는 것이라 여기면서 간단하게 넘겨버렸지만, 이러한 생각은 끊임없이 그를 괴롭혔다. 결국 그는 이러한 의심은 성경을 통해 충분히 해결될 것이라 희망하면서, 혼자서 신약 성경을 철저히 살펴보기로 결심하였다. 그러나 성경을 얼마 읽어나가기도 전에, 그는 미사를 인도하고 가르치면서 스스로를 속이고 있는 자신을 발견하게 되었다.

그 무렵, 그는 유아 세례가 그들의 인생에 아무런 의미를 가져다 주지 못하기 때문에 세례를 다시 받는 사람들과 그룹이 존재한다는 소식을 들었다. 이것은 그에게 매우 낯선 이야기로 들렸다. 그래서 그는 다시 성경을 주의 깊게 연구하였고, 놀랍게도 유아 세례에 대해 언급하고 있는 성경구절이 한 곳도 없다는 사실을 알게 되었다. 그러나 그는 자신이 이해하게 된 내용을 신뢰하지 못하였다. 그래서 마틴 루터, 불링거, 마틴 부서와 같은 당시의 신학자들뿐만 아니라, 고대 저자들의 견해가 어떤지 찾아보기 시작했다. 그가 이들의 논쟁을 주의 깊게 살펴보고, 가늠해 본 후에, 신앙고백을 근거로 한 세례만이 성경이 지지하는 유일한 세례라고 결론을 내릴 수 있었다.

그의 생각이 변하는데도 5년이라는 많은 시간이 걸렸지만, 마음의 결정을 내리고 새로운 모습으로 삶이 완전히 변하게 될 때까지 또 다른 5년의 세월이 걸렸다. 이 기간 동안, 그는 자기가 담당하고 있는 교구의 회중들을 돌보고 그들에게 설교하기 위해 끊임없이 성경을 연구하였다. 자기가 만나는 사람들이 필요로 하는 탁월한 리더십이 필요하다는 생각을 하게 되었다. 이러한 필요가 그에게 점점 더 분명한 과제로 다가왔다. 그리고 마침내 그 날이 왔을 때, 그는 다음과 같이 자신의 심경을 고백하였다: "내 가슴은 요동쳤고, 나는 한 숨과 눈물로 하나님께 기도드렸다. 하나님은 슬픔에 차있는 죄인인 나에게 그의 은혜의 선물을 부어주셨다. 내 안에 정직하고 깨끗한 마음을 선물로 주셨다.… 하나님은 방탕하고 쉬운 길을 걸어왔던 내 삶을 용서해 주셨다."[1] 이렇게 그는 그리스도의 새로운 삶을 끌어안음으로써 예전의 삶과 결별하였다.

그리하여 성경의 발견과 회심은 그에게 동시에 이루어졌다. 성경의 발견과 회심이 상호작용하여 그의 인생에 새로운 변화를 가져왔다. 그는 자신의 회심을 바라보며, 주님의 집에 있던 율법 책을 발견하여 읽었던 요시야 왕의 집권 시절을 기억해 냈다.[2] 그 율법 책이 요시야 왕 앞에서 읽혀지자, "그는 자기의 옷을 찢고" 참회하였다. 이 참회의 행위는 그가 통치하는 나라에 새로운 질서를 가져다준 출발점이 되었다. 메노가 성경을 발견하게 되자, 마침내 그에게도 같은 일이 일어났다. 그 일은 그의 삶에 새로운 질서를 가져다주었고, 그 이후로 성경은 그가 지속적으로 연구해야 할 대상이 되었다. 메노 시몬스의 저작을 읽기만 해도 그의 글이 성경이 사용하고 있는 의미 깊은 언어들로 가득 차 있다는 사실을 금방 알아챌 수 있을 것이다. 그가 신학적 논쟁을 벌였던 내용을 살펴보면, 성경이 뒷받침하는 권위만이 그가 인정했던 유일한 권위였음을 잘 알 수 있을 것이다. 이제 그는 이전에 알지 못했던 말씀의 깊은 의미를 발견하게 되었다. 이제 성경은 그의 인생을 인도해주는 귀한 안내서가 되었다.

성경에 대한 메노의 관점

성경과 메노의 관계에 대해 좀 더 깊이 알기 위해, 이제 성경에 대한 그의 관점이 어떠했는지 생각해 보도록 하자. 메노 자신의 성경적 견해가 어떠했는지 알아보는 것은 쉽지 않은 질문이다. 왜냐하면 메노가 자신의 성경에 대한 견해가 어떤지 그 어느 곳에서도 밝힌 적이 없기 때문이다. 그러므로 우리는 현존하는 그의 저술과 논쟁 자료를 통해 최선을 다하여 그의 성경적 견해가 어떠했는지 숙고해 볼 수밖에 없다. 여러 세기동안 같은 성경을 읽어왔지만 사람들이 말하고 가르치는 데는 아주 다른 결과를 낳아왔다는 사실은 사람들이 성경을 다르게 이해하고 있다는 충분한 근거가 된다. 그렇다면 특별히 메노가 갖고 있던 성경에 대한 견해는 무엇일까?

요점만 간단히 말하자면 메노 시몬스는 그리스도의 언어로 성경 전체를 보았다고 말할 수 있다. 예수님은 성경에 통일성을 가져다주었을뿐만 아니라, 성경의 목적이요, 성경에서 보여주고 있는 계시의 최고 정점이다. 그리고 모든 성경이 예수님을 통해서 해석되어야 하는 유일한 존재였다. 이러한 관점 하에, 메노는 "나는 성경의 주인이신 그리스도께 설복되었다."고 선언했던 루터의 개혁적 원리를 따랐다. 다른 아나뱁티스트들처럼, 메노는 비교적 온건한 입장을 견지했던 루터나 츠빙글리보다 이러한 원리를 훨씬 더 철저하고 빈틈없이 적용하였다. 그리하여 메노는 "성경을 해석할 때, 모든 말씀은 성령에 의해 그리스도와 제자들의 가르침, 행하심과 모범을 따라 해석해야만 한다." 고 말할 수 있었다. 그리고 그는 "구약과 신약의 모든 말씀은 예

수 그리스도와 그의 거룩한 제자들의 목적에 따라 올바르게 설명되어져야만 한다."고 말하였다.3)

그의 믿음과 삶에 최고의 권위를 부여하는 것이라고 주장했던 말들과 그가 기록한 논쟁적인 글 전체를 자세히 읽어보면, 메노 시몬스는 그리스도만이 성경이 보여주는 최고의 계시라 여겼다는 사실을 잘 알 수 있다. 그는 "성령과 말씀과 그리스도의 모범"에 따라 성경을 해석해야만 한다고 주장했다. 이것은 "예수 그리스도와 그의 성령의 말씀"에 따르는 것이었고, "예수 그리스도의 진리를 따르는 것"이었다. 그것은 우연히 일어나는 것이 아니라, 메노 시몬스가 출간한 책의 첫 페이지마다 기록해 놓은 "이 닦아 둔 것 외에 능히 다른 터를 닦아 둘 자가 없으니 이 터는 곧 예수 그리스도라."는 고린도전서 3장 11절 말씀처럼 세밀한 계획에 의한 것이었다.

메노는 용어 사용에 있어서 "성경말씀words of Scripture" 혹은 "성경본문text of Scripture"을 하나님의 말씀Word of God과 동일한 의미로 겹쳐 사용하였지만, 하나님의 말씀은 그리스도를 언급할 때 주로 사용하였다. 실제로 그는 육신이 되신 말씀이셨다. 시편 25편을 묵상한 내용을 기록한 책의 서문에서 그는 다음과 같이 쓰고 있다. "하나님의 은혜로 나는 성경에 따라 우리 주 예수 그리스도의 순수한 말씀만을 추구하고, 앞으로도 그럴 것이다."4) 그러므로 성경은 예수 그리스도에 대한 참된 사실을 담아놓은 신실한 기록이다. 그러나 그리스도의 말씀the Word of Christ은 그의 가르침이나 그가 하신 말씀보다 더 많은 것을 포함하고 있다. 그것은 말씀이 육신이 되신 그리스도의 모든 사실을 포함

한다. 이것은 루터가 성경은 "그리스도께서 놓이신 요람"이라고 했을 때, 말하고자 했던 것과 거의 같은 의미였다. 그래서 수많은 학자들은 아나뱁티스트들의 저술들 속에서 성경은 "말씀 그 자체라기 보다는, 말씀의 핵심"이 되는 것으로 간주해야 한다고 제안하였다.[5] 경우야 어떻든지 간에, 메노 시몬스는 그리스도의 용어로 성경 전체를 보았던 것이 분명하다.

성경을 어떻게 이용하였는가?

메노가 성경을 어떻게 이용해야 하는지 결정할 때는 분명한 지침이 있었다. 만약 "성경에 따라… 성령과 말씀과 그리스도의 모범"이 권위의 문제로 등장하면, 진리의 말씀을 다루기 위해 우리는 우선 신약성경을 펴보아야 한다. 비록 기독교 신자들이 예수 그리스도에 관한 전체적인 사실을 살펴보는데 구약 성경이 꽤 많은 도움을 줌에도 불구하고, 구약보다 신약성경을 더 높은 수준에 놓아야 한다. 크리스천들을 위한 기준과 규범은 구약성경이 아니라 그리스도이기 때문이다. 이러한 이유 때문에 메노 시몬스가 성경을 이용한 것을 보면 구약보다 신약을 이용한 것이 세배 반 정도 많으며, 신약의 인용 중 40%는 복음서를 이용하였다.[6]

메노의 성경의 이용에 있어서 중요한 또 다른 사항은 그가 어떤 문제들은 더 중요하게 생각하고 어떤 문제는 덜 중요하다고 구분했다는 사실이다. 그는 "나는 당신이 명령과 명령 사이에 분명한 차이가 존재한다는 점을 알며, 모든 명령들이 동일하지 않다는 사실을 심사숙고

할 수 있도록 신실하게 기도하겠습니다. 음란함과 우상숭배는 오해보다 더 심각한 죄로 교회로부터 추방함으로써 처벌되어야 합니다."[7] 그리고 세례를 주라는 그리스도의 명령에 대해 이는 "예수님이 명령하신 모든 명령들 중 가장 작은 것인 반면, 원수를 사랑하고 너에게 악을 행하는 사람들에게 선을 행하라는 명령은 아주 큰 명령입니다…"[8]고 기록하고 있다.

성경을 사용함에 있어서, 메노 시몬스는 본질적으로 성경말씀의 영적인 특성을 더 중시 여겼다. 죽은 문자와 무미건조한 문자 그대로의 표현에는 가치를 두지 않았다. 또한, 신자들의 생활 속에 영적인 열매가 있는지 없는지를 올바른 해석에 앞서 꼭 필요한 선행 요건으로 보았다. 그는 말이 영이 되고 삶이 되어야 한다는 점을 분명히 했다. 그러나 그는 조야한 이론이나 이상한 행동을 통해 뭔가 특별한 영적지식이라도 있는 것처럼 위장하는 사람들을 적극적으로 반대하면서, 정확한 성경말씀에 따른 그리스도의 의도에 복종해야 함을 강조하였다. 그러므로 문자와 영은 창조적인 긴장관계를 형성한다. 즉 영은 문자를 활력을 불어넣어주고, 문자는 객관적 내용을 성령에 맡기도록 해준다. 이 둘은 밧줄을 이루는 두 개의 실처럼 서로 엮여 있다.[9]

성경의 사용에 있어서 다시 한 번 더 강조하고 싶은 것은 메노는 한 구절의 성경 본문이라도 전체적인 맥락에서 해석했다는 점이다. 즉 그는 성경 말씀 한 구절이라도 따로 분리해서 믿음을 위해 더 중요한 것처럼 해석하지 않았다. 성경은 한 장 혹은 한절로 분리되어 있지 않은 전체로서 존재하며 그럴 때 신뢰할 만한 권위를 갖는 것이다. 그러므로 메노는 "성경 전체의 진의"가 무엇인지와, "전체 성경이 가르치는 것이 무엇인지"에 대해 말하였다. 그는 "전체 성경이 우리를 그리스도께로 향하도록 하지 않느냐?"며 날카로운 질문을 던지고 있다. 성경의 어떤 설명이라도 문맥에 따라 이해되어져야 한다고 주장하였다. 그는 "거룩한 성경으로부터 구절을 조각조각 떼어내는 것은 모든 이단들의 본질이며 그러기에 그들의 변질된 예배를 주의해야 한다." 그들은 우리가 올바른 의미를 확인하듯이 어떤 성경말씀이 먼저 쓰여 졌고, 어떤 성경말씀이 나중에 쓰여 졌는지 별로 중요하게 여기지 않는다.10) 결국 성경의 말씀을 제대로 이해하고 사용하려면, "그 말씀을 시험하고 예수 그리스도 및 그 제자들의 말씀, 영, 생활 및 모범을 통해 그것이 의미하는 바가 무엇인지 자세히 살펴보고, 혹시라도 그것이 실제 말하고자 하는 바가 성경 전체가 드러내주는 의도, 교리 및 의미와 어긋나지 않는지 살펴보아야 한다."11) 이 모든 것을 살펴볼 때, 메노 시몬스를 우리가 이해하고 해석하는 성경적 문자주의자로 간주하는 것은 불가능한 일이다.

성경에 대한 메노의 지식

성경에 대한 메노의 지식은 성경과 그가 맺고 있는 관계의 가장 중요한 측면이라 볼수 있다. 그가 살았던 시대의 다른 종교개혁 지도자들과 달리 그가 돋보이는 이유는 아마도 그가 갖고 있던 성경에 대한 지식 때문일 것이다. 성경에 대한 그의 지식은 그가 많은 성경구절을 인용하고 있기 때문이거나 그의 글에 성경구절이 많이 사용되었다는 사실에서 온 것이 아니다. 때때로 우리는 어떤 사람에 대해 "그 사람은 정말로 성경을 잘 안다."고 말한다. 여기에서 우리가 의미하는 바는 그 사람이 화려하고 확신있게 성경구절들을 인용할 수 있다는 것이며, 그 성경말씀이 무엇을 의미하는지 그 사람이 아주 확실히 알고 있다는 것을 말한다. 메노 자신은 성경을 안다는 것이 그러한 것을 의미해서는 안 된다는 사실을 잘 알고 있었다. 왜냐하면 그가 말한 바대로 우리의 영혼의 원수조차도 "성경의 문자를 사용하여 자신을 가장하는 법"을 잘 알기 때문이다.[12]

다른 모든 아나뱁티스트들이 그렇듯이, 우리는 어떻게 메노가 성경의 지식에 이르게 되었는가를 한 마디 말로 요약설명할 수 있어야 한다. 그 한마디의 말이란 바로 복종이다. 루드빅 하쩌Ludwig Hätzer가 말하길, "그 어느 사람도 영혼의 깊은 곳에서 복종이 무엇인지 제대로 배우고 경험하지 못한다면 성경을 제대로 이해할 수는 없다. 색을 보지 못하는 사람이 색에 대해 말하는 것처럼, 복종하지 않으면서 성경을 말한다는 것은 불가능하다."[13] 복종을 통해 말씀이 육신이 되어 우리 안에 거하셨던 것처럼, 복종을 통하지 않으면 우리가 그 말씀을 제대로 알 수 없다. 성경을 아는 것은 비록 성경으로부터 장과 절을 인용할 수 있는 지적인 능력을 포함하기는 하지만, 그 보다 뚜렷한 뭔가가 있어야 한다. 비록 메노의 저술이 성경 말씀으로 가득 차 있지만, 그것은 단순히 설교를 하거나 성경 여기저기에서 구절을 따다가 글을 쓰는 것을 말하는 것이 아니다. 성경을 안다는 것은 성경을 취하는 것을 의미하는데, 그것은 문자적인 것을 의미하는 것이 아니라, 인간의 삶과 관계 속에서 진리를 구축해 내는 것을 의미한다.

이것이 바로 메노가 성경을 잘 알았다는 것에 대한 보다 더 깊은 의미이다. 여기에서 우리는 롤란드 베인톤의 글을 인용할 필요가 있다. "메노는 생각의 영역을 창조한 것이 아니라, 행동의 영역을 창조하였다. 사람들이 말하고자 하는 것은 그가 누구인가 하는 점이다."[14] 이것이 바로 그가 성경을 진지하게 바라보았던 방식이다. 다른 종교 개혁가들이 그를 광신적이라고 할 정도로 그는 매일의 삶 속에 자리하도록 복종을 적용하였다. 로마 가톨릭과 결별을 선언하고 교회의 오래된 전통 및 예식들에 대해서도 루터나 쯔빙글리보다도 더 근본적이며 광범위 하게 개혁하였다.

당시 신약 성경의 교리 중 두 가지 중요한 사안이 토론의 주제로 떠올랐다. 용서를 통해 개인적으로 구원을 경험을 가능케 해주는 믿음, 즉 믿음으로 말미암아 의로워진다는 것이 첫 번째 주제였다. 그리고 그리스도처럼 살아가는 도덕적 생활과 윤리적 행동을 이루는 삶, 즉 그리스도 안에서 새로운 삶을 사는 것이 두 번째 주제였다. 루터와 메노 모두 이 두 주제에 대해 분명한 글을 남겼다. 그러나 루터가 가장 강조하였던 것은 항상 "믿음으로 말미암아 의로워진다"는 부분이었고, 메노가 가장 강조하였던 것은 "그리스도 안에서의 새로운 삶"이었다. 그래서 메노는 믿음에서 예수를 따르는 것으로, 결정에서 제자도로, 새로운 출생에서 새로운 생활로 관심을 옮겨갔다. 이러한 이유로 메노는 개인적으로 경험하는 구원의 확신에 대해 결코 행복해할 수 없었다. 왜냐하면 이러한 구원의 확신이 그 사람의 매일의 생활 속에서 구체적으로 "증명되는" 것이어야만 하기 때문이다. 그러므로 그가 갖고 있는 성경에 대한 지식, 즉 성경을 안다는 것은 바로 일상생활 속의 복종을 통해서이다. "만약 어떤 사람이 그의 뜻대로 행한다면, 그는 성경이 가르치는 것이 무엇인지 알아야만 한다."[15]

결국 이러한 말을 다시 표현하자면, 우리는 성경을 지적으로 알아야 하는 것이 아니라 실존적으로 알아야 한다는 것이다. 성경적 진리는 냉랭한 논리적 용어에 의해서 증명되는 것이 아니라, 열매를 맺는 생명력에 의해 증명되어야 한다. 즉 겉으로 특별해 보이는 분리된 용어에 의해서 증명되는 것이 아니라, 삶 속에서의 결정적인 판단을 통해 증명되는 것이다. 메노는 이러한 방식으로 성경을 알았고, 당신과 나를 포함하여, 그가 만나는 사람들 또한 그렇게 성경을 알기 원했다. 즉 성경 본문에 대한 지식을 잔뜩 저장해 놓은 지식 창고로서가 아니라, 생명의 책으로 읽기 원했다. 왜냐하면 이러한 성경 지식이야말로 우리의 생명이신 그리스도가 우리에게 오는 방식이기 때문이다. 이것이 메노가 과거에서 걸어 나와 우리의 삶을 향해 큰 목소리로 외치고 있는 것이기도 하다. 믿음과 생활을 위해 인정된 권위로서 성경을 발견하라. 그리스도라는 최상의 관점으로 성경을 보라. 헌신과 복종을 통해 성경 말씀이 드러날 수 있는 방식 안에서만 성경을 사용하라.

후주

1) *Complete Writings of Menno Simons*(Scottdale, Pa.: Herald, 1956) p. 671
2) 열왕기하 22:8
3) *Complete Writings*, p. 312.
4) *Ibid.*, p.65.
5) Gordon Kaufman, "Some Theological Emphasis of the Early Swiss Anabaptists" *Mennonite Quarterly Review,* XXV, April 1951, p.82.
6) William Keeney, "The Development of Dutch Anabaptist Thought from 1530~1564."(Unpublished doctoral dissertation, 1959) p. 48. 이 글에서 인용한 자료의 많은 부분은 윌리암 키니의 논문과 Henry Poettcker가 쓴 "The Hermeneutics of Menno Simons."(Unpublished dissertation, 1961)에서 주로 인용하였다. 다른 논문들로는 William Klassen이 쓴 "The Hermeneutics of Pilgram Marpeck."(1959)와 Walter Klaassen이Tms "Word, Spirit, and Scripture in Early Anabaptist Thought"을 인용하였다.
7) Henry Poettcker, *op. cit.*, p. 131.
8) H.S. Bender, *Menno Simons' Life and Writings*(Scottdale: Mennonite Publishing House, 1936) p.79.
9) William Keeney, *op. cit.,* pp.34~40.
10) *Complete Writings*, p. 268.
11) *Ibid.*, pp. 335, 81, 127, 177, 404.
12) Henry Poettcker, *op. cit.,* p. 149.
13) *The Mennonite Encyclopedia*, Vol. I, p. 326.
14) Mennonite Life, April 1954. P. 85.
15) 요한복음 7:17

5. 메노 시몬스와 20세기

버논 뉴펠트(Vernon Neufeld)

　이 논문의 주제는 메노 시몬스, 그의 생애 및 업적이 우리시대와 어떠한 연관을 갖고 있는지 살펴보기 위한 것이다. 여기서 말하는 연관성이란 일반적인 우리 시대와 관련된 것이 아니라, 메노나이트들과 관련된 것이다.

　예수 그리스도의 헌신된 수많은 제자들이 있었으나 탁월한 리더들이 많지 않았던 메노나이트들의 역사를 살펴볼 때, 여러 측면에서 메노는 리더십과 그 영향력에 있어서 매우 중요한 의미를 갖는다. 특별히 그의 죽음 400 주년을 기념하면서 그의 인생과 업적을 다시금 짚어보는 것은 의미 있는 일이다. 그러기에 이 논문은 우리 시대에 메노의 인생과 그가 남긴 업적이 주는 교훈과 가치가 무엇인지 살펴보고자 한다. 이 글에서는 메노나이트들에게 그의 존재가 가져다주는 상징적인 의미보다 더 큰 적절성에 대해 살펴보고자 한다. 현재 우리들이 갖고 있는 믿음과 실행이 어떠한지 확인해야 한다. 실제로 그의 인생과 그가 남긴 저작들은 단순히 박사학위 논문을 쓰기 위한 자료 이상의 의미를 갖는다. 거기에는 엄청난 교훈이 들어있고, 그의 시대를 다시금 들여다 볼 수 있는 살아있는 내용들이 있기에 여전히 중요하고, 의미가 있다.

    물론 우리에게 영감을 불러일으켰던 리더인 메노를 집중 조명해 보는 것은 그가 완벽한 사람이었다거나 흠이 없는 사람일 것이라는 생각과는 거리가 멀다. 만약 메노에 대해 비판하자면, 여러 방면에서 그가 어떠한 잘못을 했는지 언급할 수 있다. 예를 들어 몇몇 신학자들은 메노가 갖고 있던 성육신의 관점은 아주 이상하다고 말한다. 아담 패스터Adam Pastor라는 사람은 예수의 인간성에 반대되는 것으로써 그리스도의 신성에 대한 메노의 견해를 반대했다. 메노는 죄 된 육체를 취한 것이 아니라, 유리를 통해 비친 태양광선이 마리아의 자궁을 꿰뚫음으로써 그리스도의 신성이 이루어졌다고 성육신을 설명했다.[1] 초기 크리스천들이 그리스도론에 대해 논쟁했을 때로 돌아간다면, 메노는 아마도 "도세티즘"을 지지하는 사람으로 낙인찍혔을 것이다. 또한 메노의 성경 사용은 오늘날 성경주의자들 혹은 근본주의자들이 눈을 부라릴 만큼 외경을 자주 사용하였다. 외경은 히브리인들뿐만 아니라 개신교들이 정경으로 받아들일 수 없다고 거부한 책들이다.[2] 메노가 주장하고 옹호했던 징계에 관한 내용을 요즘 교인들이 들으면, 신자들의 교제로부터 그렇게 사람들을 꼭 추방해야 하는가, 중재자의 입장은 고려하였는가, 질문하게 될 것이다.[3]

이곳에서 살펴보고자 하는 것은 메노의 사상과 인생에 대해 비판적으로 분석하려는 것이 아니다. 오히려 우리 시대와 관련되어 있는 가치들과 주제들에 대한 직접적인 내용들을 살펴보고자 한다.

메노의 가르침으로부터 무슨 교훈을 얻을 수 있는가

메노의 가르침과 업적을 통해 우리는 현재 우리 시대에 필요한 몇 가지 교훈을 얻을 수 있다. 애쓰지 않아도 쉽게 얻을 수 있는 교훈들은 다음과 같다.

구원의 수단으로써 업적이 아니라 믿음에 강조를 둔 것은 우리 시대에서 다시금 언급해야할 사항이다. 구원에 관한 견해에 있어서 일단 메노는 루터 및 다른 개혁가들과 견해를 같이 한다. 참된 기독교인은 그 자체로 구원을 가져다 줄 수 없는 율법의 행위에 얽매여 살지 않는다. 율법주의는 구원에 관한한 아무런 도움이 되지 않는다. 메노는 율법을 통해 구원을 얻지 못함과 믿음으로 의롭게 됨을 자신과 동료 아나뱁티스트들에게 분명히 하기 위해 "참된 크리스천의 삶"1541년 이라는 글을 남겼다.[4]

메노가 살던 당시 로마 가톨릭 교회의 율법주의는 예수님 당시 유대인들의 율법주의에 비견할 만한 것으로 무엇을 해야 하고 무엇을 하지 말아야 하는지 규정이 많았다. 심각한 것은 이러한 규정이 믿음의 본질로 여겼다는 사실이다.

한편 메노는 믿음으로 구원을 경험하였다면 거기에 합당한 열매를 맺어야 한다고 강조하였다. 네덜란드 아나뱁티스트들과 메노는

"하나님 앞에서 율법으로는 아무도 의롭게 되지 못한다는 것이 명백합니다. 의인은 믿음으로 살 것입니다."라고 기록되어 있는 갈라디아서 3:11을 자주 인용하였다. 믿음을 가진 사람의 삶은 "그리스도인의 새로운 피조물" "제자도의 삶" "거룩한 생활"로 표현되었다. "하나님 앞에서 인정되는 참된 믿음이 열매를 맺지 못한다는 것은 있을 수 없는 일이다. 참된 믿음은 당연히 열매를 맺어야 하며, 자연스럽게 본질을 드러낸다."5)

이와 같이 명령, 규칙, 혹은 사회적 압력으로는 크리스천의 구원과 삶을 제대로 규명하지 못하기 때문에, 크리스천의 믿음은 분명한 표현방식을 찾아야만 한다. 즉 크리스천의 삶은 그의 믿음이 어떠한지 외부적으로 분명히 드러나야 한다. 제자도의 삶 즉 거룩하고 의로운 삶, 그리고 하나님과 인간 사이의 평화는 분명히 드러나야 하며 믿음을 따라야한다.

이러한 맥락에서 메노는 그리스도 안에서 신자들의 교제로서 진정한 교회가 어떠한 모습이어야 하는지 상기시켜준다. 세례는 그리스도를 믿는 고백과 명백한 증거가 있을 때에만 시행되어야 한다. 회중은 그리스도의 마음을 가진 사람들의 자발적인 형제 됨을 드러내는 것으로 그리스도의 구원의 은혜를 경험산 사람들로 이루어진다.

메노와 다른 아나뱁티스트들이 현재 이 시대의 메노나이트 회중들에게 전해주는 교회의 개념은 16세기에 실행되고 이해되었던 입장과 너무나 다른 모습이었다는 점이다. 현재 메노나이트 교회의 위상은 영적으로 새로 태어남을 강조함으로써 멤버십을 따졌던 모습이 점차 사라지고 육체적으로 태어나 자연스럽게 교회의 멤버가 되는 로마 가톨릭이나 개신교 전통과 너무 흡사해졌다.

살아있는 동안 메노가 가장 오래 동안 지속해왔던 활동 중 하나는 흩어져 있던 아나뱁티스트들의 그룹을 하나로 묶고자 했던 일이다. 실제로 그는 빠르게 쇠약해져가는 유럽 북부 지역의 아나뱁티스트 운동을 살려낸 장본인이 되었다.6)아나뱁티스트들 중 박해와 순교로 말미암아 급진적 운동의 리더가 사라지고 없자, 여기 저기 흩어져 있던 그룹들이 메노를 찾아와 리더로서 책임을 져달라고 부탁하였다. 이는 그가 로마 가톨릭 교회와 완전히 떠났다는 사실을 알고 있었기 때문이었다. 가톨릭 교회와 결별한 이후, 그의 활동 중 대부분은 암스테르담에서부터 서쪽의 단찍과 북쪽의 엠덴부터 남쪽의 스트라스부르그에 이르기까지 흩어져있던 아나뱁티스트들을 다시 모으고, 영적인 길을 안내해주고, 양육하는 일이었다.

메노의 이러한 활동은 우리 시대의 메노나이트 활동과 비슷하다. 메노나이트 교단 총회General Conference Mennonite Church가 처음 생겨날 때, 몇몇 리더들은 북미의 메노나이트들을 하나로 모으고자 하는 적극적이고 훌륭한 목표가 있었다.7)북미 여기저기 흩어져 있거나 외로이 떨어져 있던 여러 메노나이트 그룹들의 서로 다른 점을 강조하기 보다는, 서로 다른 인종, 문화, 종교적 차이가 존재함에도 불구하고 함께 연합하는데 노력을 기울이고자 하였다.

메노가 이렇게 할 수 있었던 데는 극단적인 입장을 피하고자 했던 그의 삶과 경험이 크게 작용하였다. 예를 들어, 그는 가톨릭 교회가 갖고 있던 질대직인 권위라는 입장을 취하지도 않았고, 아나뱁티스트들 중 겉으로 드러나는 교회의 권위는 아무것도 아니라고 무시했던 심령 은사주의자들의 입장을 취하지도 않았다. 또한 뮌스터에서 혁명을 주도해나갔던 신비주의자들이나 열광주의자들이 보여준 믿음과 삶이 분리되어 있는 모습을 철저히 배격하였다. 메노는 이러한 서로 다른 그룹들을 중재하며 일을 해나갔다.

메노의 이러한 화해 및 중재의 역할이 현재 메노나이트 교회에 그대로 드러나 있다. 문제를 극대화시켜 분리되기 보다는 화해 및 치유의 일을 담당하고 있다. 근본주의와 모더니즘, 복음주의와 신정통주의 등과 같이 우리 시대에 폭넓게 영향을 미치고 있는 기독교 내의 대조적인 운동들 가운데에서, 메노나이트는 그 어떤 특정한 운동과도 자신들을 동일시하지 않는다. 오히려 16세기의 열악한 상황에서 메노가 보여주었던 것처럼, 메노나이트들은 화해와 중재의 역할을 감당하고 있다.

신자들의 참된 교제를 확립해 나가야 할 것을 강조하면서, 메노는 자신을 반대했던 사람들과 끊임없이 대화를 해 나갔다. 메노는 재세례신앙운동에서 한참 빗나간 1534년의 뮌스터운동[8]을 일으킨 지도자들과도 편지를 주고받으면서 의견을 바로잡고자 했다. 특히 데이빗 조리스1542와 주고받았던 편지에 이러한 흔적이 잘 나타나 있다.[9]뿐만 아니라 메노는 비스마르Wismar에 있던 라스코 그룹에 속해있던 개신교 신학자들과도 의견을 주고받았다.[10] 메노가 쓴 수많은 글들은 그가 다른 그룹과 소통하기 위해 그가 시도했던 노력이 어떠했는지 잘 드러

내 주고 있다.[11]

이러한 모습은 20세기 및 21세기 메노나이트들이 기여할 수 있는 아주 중요한 일들임에 틀림없다. 그리고 이러한 일은 북미와 유럽 사이에 필요한 중요한 토론 주제이기도 하다. 만약 우리가 이러한 독특한 기독교 정신과 전통에 대해 뭔가 말할 수만 있다면, 다른 믿음을 갖고 있는 사람들과 특별한 항목을 강조하는 사람들에게도 이러한 것을 나눌 필요가 있을 것이다. 그럼으로써 우리 역사 속에 존재하는 참다운 신념이 무엇인지 서로 배울 수 있을 것이며, 다른 사람들로부터 많은 것을 배울 수 있을 것이다.

메노가 제기했던 기본적인 이슈들

이제까지 우리는 메노의 삶과 업적으로부터 배울 수 있는 교훈이 무엇인가 살펴보았다. 이러한 교훈 뿐 만 아니라, 16세기 당시 그가 제시했던 기본적인 이슈들은 무엇이었으며, 이러한 것이 우리 시대와는 무슨 상관이 있는지 살펴보고자 한다. 여러 가지 이슈들이 있겠지만 이곳에서는 세 가지만 다루고자 한다.

메노가 제기했던 이슈 중 시대와 상관없이 던져졌던 질문 중 하나는 군중 속에 있는 한 개인의 위치 및 신과의 관계에 관한 것이다. 물론 이러한 메노의 가르침은 개인주의와 밀접한 관계가 있으며, 자발적인 교제로서 신자들의 교회와도 연결되어 있다. 여기에서 그는 로마 제국과 한통속이 된 교회와 특정 지역에 위치해 있는 개신교가 실행하는 구체적인 예전을 들어가며 국가와 교회 사이의 밀접한 관계를 대조 설명하였다. 16세기에 한 사람이 태어나면, 출생 순간부터 본질적으로 국가의 시민인 동시에 교회의 멤버가 되었다. 이러한 사상과 대조적으로, 메노는 자신의 믿음을 따라 교회의 멤버가 되기로 선택한 신자들의 교제를 강조하였다. 그의 교회는 믿음으로 살기로 작정한 자발적인 신자들의 교제였다. 이러한 형제애는 국가와 아무런 연관이 없다. 이러한 형제애는 그 무엇으로도 제한을 받아서도 안 되며, 국가의 보호를 받아서도 안 되는 것이었다.

메노가 강조했던 이러한 교회에 대한 생각은 재세례신앙운동이 추구하는 것과 같은 것이며, 현재 메노나이트 교회가 소중하게 여기고 있는 가치이다. 국가와 교회의 분리는 항상 자발적인 멤버로 이루어진 교회를 강조하며, 양심의 자유, 평화를 선포하며 이를 실천하는 자유를 보장받아야 한다. 역사 속에서 우리가 사는 시대는 개인을 소중하게 여긴다. 본질적으로 메노가 강조하고자 했던 것은 크리스쳔이라는 한 개인의 자유 선언이며, 개인의 권리를 보장해 주어야 한다는 것이었다.

특별히 메노나이트들에게 개인의 중요성은 최대의 관심사였다. 최근에 인생의 다양한 영역은 지나칠 정도로 잘 조직되어 있다. 파시즘과 공산주의는 개인의 자유를 억누르는 정치형태이다. 그러나 지금 우리가 사는 시대도 예외는 아니다. 군중 심리가 개인의 삶을 좌지우지 하는 가운데, 이미 받아들여진 규범에 대해 다르게 생각하고 말하는 한 사람의 독자적인 생각은 쉽게 좌시된다. 이러한 것은 개인의 권리로부터 멀어지는 행태이며, 좀 더 정확하게 표현하자면, 개인이라는 존재에게 주어진 특권을 제대로 사용하지 못하도록 하는 운동이다.

그러나 이러한 통제 경향은 교회에서도 쉽게 발견된다. 비록 시작부터 개인주의를 강조하면서 시작되었지만, 메노나이트들은 종종 자신들이 멤버를 대함에 있어서 사회적 신분에 얽매이는 편협한 태도를 보이기도 했다. 물론 메노 자신은 형제애를 드러냄에 있어 꽤 일치된 모습을 보였다는 사실을 언급할 필요가 있다. 이러한 것은 믿음이 다르거나 실행이 다를 때면 그룹으로부터 그 사람을 추방하는 분파적인 모습으로 나타났다. 이러한 일이 발생할 때, 한 사람으로써 자유로이 생각하고 믿을 수 있는 개인의 자유는 사라지고 만다. 참된 형제애는 자발적이어야 하며, 서로 공유해야하며, 성령에 의해 인도되어야 한다.

이러한 통제 경향은 복음주의 운동 내에서도 자주 나타난다. 우리가 그것을 인정하든 않든, 메노나이트 내에서도 그러한 모습이 보이고 있다. 에큐메니즘이 의미하는 것이 교제이든, 대화이든, 관심사를 공유하는 것이든 우리가 인정할 수밖에 없는 것은 어디에나 이러한 경향이 존재한다는 것이다. 실제로 메노는 매우 적극적으로 이러한 일에 관련되어 있었다. 에큐메니칼 운동의 중요한 부분이 실제로 연합 운동이라는 사실을 인정하지 않는다면, 우리는 장님이 되고 말 것이다. 우리는 지구상에 존재하는 교회 연합 운동에 대해 종종 언급한다. 하나로 연합되고자 어느 그룹에 가입하도록 안내하는 이러한 에큐메니칼 운동은 크리스천 신앙이라는 미명하에 그가 가장 좋아하는 것이 무엇인지, 무엇을 믿고, 무엇을 생각하고, 어떻게 행동하는지 항상 시험한다. 우리는 "분파주의"와 "에큐메니즘" 모두가 신자들이 가져야할 개인의 자유를 상당히 제한할 수밖에 없음을 인정해야 한다.

개인이 자신의 자유를 잃어버리는 것은 엄청나게 위험한 것이다. 그 누구도 태만하여 자신이 갖고 있는 이러한 자유를 사용하지 않거나 **빼앗겨서는** 안 된다. 대체로 북미의 교회 일반 멤버들은 개인적인 생각과 표현을 자제하는 편이다. 개인의 생각을 표현하는 것을 두려워하기도 한다. 자신의 책임이 개인주의와 밀접한 연관이 있으리라고 추측하고 싶어 하지 않는다. 대개는 다수의 일원이 되어 군중 속에 파묻히고자 하는 익명성을 원한다. 우리 메노나이트들 또한 독특한 그룹으로 남아있기 보다는 다수에 속해 있는 한 멤버이기를 원하는 경향이 있다. 그리스도의 영에 의해 변화를 받은 존재로 살기 보다는 세상에 순응하라는 압력 하에서 살고 있다.

그러므로 우리는 메노가 추구하고자 했던 유형의 개인주의를 되찾아야 한다. 이러한 참된 개인주의는 하나님 앞에 자신을 세우도록 하며, 자신의 생각과 주도적인 모습을 따라 살도록 만든다. 이러한 개인은 비순응주의자로서 각본에 따라 정해진 존재가 아니라 예수 그리스도의 제자로서 자신의 자유를 실행하는 결과에 의해 만들어진다. 즉 주인이신 예수 그리스도께서 걸어가신 길을 따라가면서 자유로운 개인이 되는 것이다. 이러한 사람은 주변의 친구, 이웃, 동료들이 제시하는 지침이 아닌, 자신의 주인이 제시한 지침을 받아들이고, 채택하며, 순종하는 사람이다. 그러나 궁극적으로 가장 중요한 것은 자신의 주인계 순종함으로써 다른 제자들과 함께 대화하고, 삶을 공유하고, 함께 사는 개인이어야 한다. 그 결과 그들은 한 그룹 안에서 성령의 인도하심을 함께 발견해 나간다. 신자로서 한 개인에게 요구되는 전형적인 순응과 행위의 원칙은 군중이나, 국가의 지도자로부터 오는 것이 아니라, 하나님과 연합되어 교제하는 한 개인, 그리고 이러한 교제에 속해 있는 한 개인으로부터 온다.

메노가 제기했던 두 번째 중요한 이슈는 우리가 살고 있는 이 세상과 크리스천 사이의 관계에 대한 것이다. 이 문제 관하여 메노는 로마 가톨릭 사제로 있을 때 자신이 직접 경험한 것을 있는 그대로 표현하였다. "세상이 나를 얼마나 사랑하는지, 그리고 나 또한 세상을 얼마나 사랑하는지…."[12] 그러나 메노는 이러한 자신의 인생 고백과 더불어 크리스천들은 세상과 분리되어야 함을 강하게 주장하였다. 그는 자신의 인생 속에 두 개의 서로 다른 왕국, 즉 하나님의 왕국과 사탄의 왕국이 대치하고 있음을 밝혔다. 그는 로버트 프리드만Robert Friedmann이 "두 세상 교리"[13]라고 기록했던 그 개념을 소개하였다. 물론 메노는 국가를 세상의 대표자로 이해하였다. 국가의 기능은 인간적인 방법인 전쟁이나 무력을 사용하여 주로 질서를 유지하는 것이다. 그러므로 새로 태어난 크리스천은 이 세상의 부분이 될 수 없다. 그것이 로마 가톨릭이든, 루터교이든, 개혁교회든 국가와 직접적으로 연관될 때는 교회조차도 제대로 설 수 없다. 하나님의 왕국의 부분으로서 교회가 이 세상에 속할 수 없기 때문이다. 크리스천이 사는 왕국은 세상과 세상이 드러내는 다양한 모습과 동떨어져 있어야 한다.

그러기에 메노와 다른 아나뱁티스트들은 신약 교회의 모습을 회복하기 위해 노력하였다. 다른 개혁가들이 교회와 세상을 제대로 묘사하지 못했던 근본적인 실패가 아나뱁티스트 리더들로 하여금 어두움의 왕국으로서 국가와 빛의 왕국으로서 교회를 분명하게 구분할 수 있도록 만들어주었다. 크리스천은 세상에 순응할 수 없다. 순응이 아니라 세상을 변화시켜야 했다. 크리스천은 사람에게 순종하는 것이 아니라 하나님께 순종해야 하는 자들이다. 비록 아나뱁티스트들이 크리스천 교제를 위해 주장했던 원칙이 교회와 세상 사이에 존재하는 차이를 어떻게 이해하였는가와 깊은 연관이 있지만, 이러한 원칙은 세상으로부터 크리스천 교제를 분리시키려는 노력뿐만 아니라, 그리스천 교제를 세상으로부터 분리시키려는 노력을 통해서 이루어졌다.

전통적으로 메노나이트는 세상과 분리되어 살고자 노력해왔다. 메노나이트가 유럽의 여러나라와 북미로 이주하면서 지속적으로 보여준 정착 형태를 살펴보면 세상으로부터 분리되어 살고자 했던 모습이 역력히 드러난다. 결혼, 정책, 교육, 상호 부조 등을 고집하며 분리된 크리스천으로서 그룹을 유지하기 위해 세상과 일정 거리를 두고자 끊임없이 노력을 기울였다. 언어와 다른 문화적 유산 또한 중요하게 여김으로써 세상과 분리되고자 노력하였다. 검정색 코트나 독일어를 포기하는 것은 믿음을 잃어버리는 것으로 여겼다.

물론 북미의 메노나이트는 적응 단계에 있다. 신학적으로 많은 사람들이 자유주의 사상에 영향을 받고 있고, 또 어떤 사람들은 성경적 근본주의의 영향을 받고 있다. 어떤 사람들은 믿음의 문제는 도외시

한 채 사회 문제에 강한 관심을 보이고 있고, 다른 사람들은 성경적 진리를 최고의 권위에 놓아야 한다는 전통을 강조하고 있다. 정치적으로, 교회의 멤버들이 국가의 문제를 보다 적극적으로 다루어야 한다는 필요성 때문에 변호사, 판사, 정치인으로 활동하고 있다. 한때 투표를 하는 것에 이맛살을 찌푸렸던 우리의 선조들과는 달리, 지금은 보다 적극적으로 참정권을 행사할뿐만 아니라, 부서에 한자리를 차지해야 한다고 주장하기도 한다. 우리는 워싱턴 디씨에서 로비활동을 하고 있다. 경제적으로 우리는 근검절약으로 상당한 번영을 누리고 있고, 이러한 번영이 가져다 준 것에 대해 위안을 삼기도 한다. 사회적으로, 우리는 이웃들과는 뭔가 좀 다르게 살고 있다. 가능한 같은 학교에 다니고, 같은 관심사를 갖고, 비슷한 옷을 입고, 비슷한 일을 한다. 실제적인 삶의 모습에 있어서 메노가 사용했던 용어를 빌자면, 우리가 세상으로 들어감과 동시에 세상이 우리 안에 들어와 앉아 있는 셈이다.

세상에 대한 크리스천의 관계에 대한 이슈는 미심쩍은 부분이 많다. 전통적으로 세상과 거리를 두어야 한다는 신학을 따라 사는 메노나이트들에게, 이 문제는 정말로 도전이 아닐 수 없다. 세상에서 물러나 있는 것이 답이란 말인가? 과거에 그랬던 것처럼, 새로운 곳으로 이주를 해야 한단 말인가? 이 질문에 대해 이렇다 할 토론이 이루어지고 있지는 않은 것 같다. 아니면 우리가 지금 살고 있는 곳에 그대로 남아 있어야 하는가? 아니면 지금 살고 있는 환경에 문화적으로 완전히 적응해야 하는가? 다시 태어난 소그룹으로부터 보다 큰 교회 구조로 옮겨 가는 식의 사이클을 멈출 수 있는가?

이러한 질문들은 사람들이 얼마든지 생각할 수 있는 몇 가지 예에 불과하다. 이러한 질문에 간단하게 답할 수는 없지만, 최선의 답은 메노가 고민했던 내용과 초대 교회가 강조했던 내용에 들어있다. 메노와 초대 교회는 이러한 질문의 답을 그리스도 중심Christ-centered의 사고방식과 삶 속에서 찾았다. 그리스도 안에서 새로운 삶은 중생으로부터 시작되며 이것은 그리스도 중심의 성경적 진리로 돌아가도록 만든다. 그리고 이러한 것은 제자도로써 그리스도께 순종할 때에만 이루어진다. 제자들이 함께 모여 교제하는 것은 서로를 돕는 모습을 필요로 하며, 영적인 삶을 증진시키고, 우리 주변의 모든 일을 극복하도록 인도하는 관계 유형으로 자리하게 된다. 세상과의 분리는 기본적으로 하나님께로 나아가는 것이라는 사실을 기억해야 한다. 세상에서 분리되어 하나님께로 나아가는 것이 바로 세상과의 분리이다. 그러기에 이러한 분리는 의도적으로 자신을 어떤 특정한 지역으로 격리시키는 모습으로 이루어지거나 특정한 문화나 인종그룹으로 구성된 공동체를 형성하면서 시작된다기보다는, 그리스도 안에서 하나님과 관계를 가지면서 시작되고, 한 마음을 품은 신자들의 교제 안에서 시작된다. 그렇다고 가능한 완전한 분리가 이루어질 특정한 시기가 있다고 말하는 것은 아니다. 우리가 세상으로부터 자신을 분리시키기 전에, 그리스도께서 우리에게 주시는 새로운 영에 의해 세상이 우리로부터 멀어져 있어야 한다.

그리스도, 유일한 권위

메노가 제기했던 이슈 중 세 번째로 말하고 싶은 것은 권위에 대한 의문이다. 인생 초기에 메노는 아무런 의심도 없이 이미 존재하는 교회를 자신의 생각과 삶에 영향을 미치는 최고의 권위로 받아들였다. 로마 가톨릭 사제로서 일하는 동안 권위에 대해 토론하면서 점진적인 변화가 그의 인생에 찾아들었다. 메노의 관점에 큰 변화 일어났던 것이 분명했다. 이러한 주제 중 하나가 바로 화체설에 대한 의문이었다. 화체설은 미사에 사용하는 빵과 포도주가 실제로 예수의 살과 피로 변한다는 믿음이다. 그의 마음에 의심에 의심이 꼬리를 물고 생겨나자, 메노는 이 고민을 해결하기 위해 성경을 읽기 시작했다. 교회의 가르침과 성경의 가르침을 비교해 보기 위함이었다.[14] 이와 더불어 가톨릭 사제로서 아나뱁티스트들을 만나면서, 세례에 대한 질문도 생겨났다. 메노는 다시금 세례에 대해 성경이 무어라 말하는지 살펴보면서, 교회의 교부들이 가르치는 세례와 성경이 가르치는 세례에 대해 비교해 보았다. 루터, 부서, 불링거와 같은 종교개혁가들이 가르치는 세례와 성경이 가르치는 세례에 대해서도 비교해 보았다.[15] 이렇게 성경이 가르치는 바와 교회가 가르치는 바가 상당히 다르다는 사실을 알게 되면서, 메노는 도움을 얻고자 루터의 저작을 살펴보았다. 이러한 과정을 통해, 그는 자신의 믿음과 인생에 있어서 최고의 권위는 성경에서 비롯되는 것이어야 한다는 굳건한 확신에 이르게 되었다.

그러나 메노가 권위를 교회에서 성경으로 옮겨갔음에도 불구하고, 아주 중요한 문제가 아직 해결되지 않고 있었다. 그것은 바로 가장 결정적인 것으로써 빛으로 나아가는 것이었다. 예수 그리스도를 자신의 삶 속에 받아들이는 온전한 회심이 필요했다. 교회의 권위와 성경의 권위보다 더 높으신 살아계신 그리스도의 권위를 받아들여야 했다. 그리스도는 성경보다 높으신 분이시다. 그는 살아있는 말씀으로 성경에 기록되어 있는 말씀에 참된 의미를 부여해 주시는 분이시다. 그리스도는 삶의 모든 것에 권위를 갖고 계신 분이심을 매번 고백하기 위해 그는 고린도전서 3:11절을 자신의 모든 글 서두에 적어 놓았다. "이 닦아 둔 것 외에 능히 다른 터를 닦아 둘 자가 없으니 이 터는 곧 예수 그리스도라."

메노나이트들에게도 권위에 대한 질문은 아주 중요한 문제이다. 그러기에 메노나이트 역사 속에서 모든 사람은 권위에 대한 문제를 진지하게 다루고 있다. 종종 그룹의 권위가 너무 강하게 드러나기도 한다. 때로는 오랜 역사 속에 자리하고 있던 그룹 내의 규율이 특정한 사회-문화적 유형에 따라 시행되기도 한다. 이러한 것은 전통적인 신념과 교리로 정리되기도 한다. 그룹의 자치성이 이미 존재하고 있는 외부적인 근거로서 자리하기도 한다. 마차를 다고 다니는 것, 깃이 없는 옷을 입는 것, 턱수염을 기르고, 긴 장화를 신는 것, 때로는 세례가 멤버들을 다스리기 위한 권위로서 작용하기도 한다. 메노나이트 교단 총회는 이러한 외부적인 것들에 대해 비교적 관대하지만, 그들 역시 멤버들의 사상과 믿음을 위해 필요한 권위 체계를 갖고 있다.

메노나이트 전체 역사를 살펴볼 때, 성경은 메노나이트 교회를 위한 권위로 사용되어 왔다. 성경은 크리스천 삶에 있어서 신뢰할 만한 권위이기 때문에, 메노나이트들의 성경 사용에 대해 비평하려는 의도는 없다. 그러나 과학시대를 사는 메노나이트들은 살아계신 말씀이신 예수 그리스도의 권위를 대신할 만한 말씀의 권위와 관련된 근본주의와 모더니즘 간의 논쟁을 피해갈 수 없다. 그러기에 우리는 "축자영감설," "완전영감설," "무오성," 혹은 "절대확실" 등 성경에 없는 표현들이지만 성경의 권위를 세우기 위해 사용한 단어들을 들어왔다. 사실 성경은 성경책 그 자체를 위해 강조하거나 특성을 부여하지 않아도 되는 대우를 받아왔다. 초기 교회도 그랬고, 메노도 그랬듯이 성경을 위해 특별하게 주장할 것은 아무것도 없다. 비록 성경이 믿음과 크리스천의 생활에 대해 상당한 권위를 갖고 있지만, 그렇다고 그것이 문자적으로나 법적으로 해석하고 받아들이는 문헌으로서의 책 그 자체를 지칭하는 것이 아니다.

현 시대의 메노나이트들에게 권위란 메노 시몬스가 발견한 것과 동일한 의미의 권위를 말한다. 즉 우리가 갖고 있는 유산과 전통은 우리 믿음의 기초를 이루는데 매우 중요하다. 이러한 유산과 전통을 통해 우리가 여전히 우리시대에 맞는 교훈과 가르침을 배우기 때문이다. 그러나 이러한 전통이 권위가 될 수는 없다. 메노가 전통, 교회, 리더들에게서 권위를 발견하지 못했을 때, 성경을 통해 참된 권위를 발견했듯이, 우리 또한 성경의 권위를 인정해야 한다. 왜냐하면 성경을 통해, 인류 역사 속에서 일을 진행해 오신 하나님의 행동과 그리스도를 통해 일을 해 오신 하나님을 발견할 수 있기 때문이다. 하나님의 가르침, 진리, 희망이 기록되어 있으며, 현재 기독교에 적절한 메시지가 들어있기 때문이다. 그러나 무엇보다 현재 메노나이트들에게 가장 적절한 권위는 그리스도 안에서 발견할 수 있다. 그리스도는 모든 성경 위에 존재하시며 그분의 빛 안에서 구약이든 신약이든 참된 의미와 중요성을 발견할 수 있기 때문이다. 그리스도만이 현대의 모든 지식과 과학 위에 계신다. 이는 그가 정한 기준만이 참된 판단과 진리의 적용이며 결과이기 때문이다. 그리스도는 국가 위에 계신다. 왜냐하면 국가의 권력은 신에게서 나오기 때문이며 신의 능력을 대신할 수 없기 때문이다. 그리스도는 제도적 교회 위에 계신다. 에큐메니칼 및 교단이든 모든 교회 위에 계신다. 그리스도는 하나님의 뜻을 찾고자 하는 한 사람 한 사람에게 말씀하시며 이러한 개인들이 모인 그룹들에게 말씀하신다. 우리 인생에 권위자는 그리스도시다. 오직 그리스도만이 권위시다.

메노는 수 백 년 전에 살다 간 인물이다. 그렇지만 우리가 그가 죽은 지 400년이 훨씬 넘은 현재에도 그를 기억하고 있다. 그는 성인이 아니었다. 우리는 그를 추앙하지 않는다. 그렇지만 그는 여전히 우리에게 말한다. 그는 자신이 살던 시대의 신자들을 위해 일했고, 그들을 가르쳤다. 그러나 이상하리만큼 우리 시대에도 자신의 시대의 신자들에게 말했던 것처럼 여전히 우리의 상황과 문제에 대해 이야기하는 듯하다. 그는 영적인 후손들인 우리들에게 자신이 시작해 놓은 일을 마치도록 우리를 초대하고 있다.

후주

1) Menno's teaching regarding the Incarnation may be found best express in Brief and Clear Confession(particularly pp. 427-440, *Complete Writing*). See also *The Incarnation of Our Lord*(pp. 785-834) and "Incarnation of Christ," *Mennonite Encyclopedia*, Vol. III, p. 18-19.
2) E.g. Ecclesiasticus(*op. cit.*, pp. 46, 239, et al.), Esdras(pp. 68, 84, 85, *et al.*), II Maccabees(pp. 337, 591, 620), Tobit(p. 389).
3) His teaching is found in three books: *A Kind Admonition of Church Discipline(Complete Writings*, pp. 409-418), *A Clear Account of Excommunication(*pp. 457-458), and Instruction on Excommunication(pp. 961-988).
4) *Complete Writings*, pp. 324-405.
5) *Op. cit.*, p. 116.
6) Cornelius Krahn, "Menno Simons," *The Mennonite Encyclopedia*, Vol. III, p. 582.
7) H. P. Krehbiel, *The History of the General Conference of the Mennonites of North America*, Vol. I, p.56.
8) *Mennonite Encyclopedia*, Vol. III, p. 578.
9) *Complete Writings*, pp. 1019-20.
10) *Mennonite Encyclopedia*, Vol. III. p. 581. This resulted in his writing Reply to Martin Micron(Complete Writings, pp. 838-913)
11) See e.g. *Reply to Gellius Faber*(pp. 625-781); *Reply to False Accusations(*pp.543-577)
12) *Complete Writings*, p. 668.
13) Robert Friedmann, "The Doctrine of the Two Worlds," pp. 105-118, in Guy F. Hershberger, *The Recovery of the Anabaptist Vision*(Scottdale, Herald Press, 1957)
14) *Complete Writings*, pp. 668-669; see M.E., Vol. III, p. 577, p. 578.
15) *Complete Writings*s, pp. 668-669

6. 메노 시몬스와 세계의 메노나이트 형제들

코넬리우스 크란(Cornelius Krahn)

메노 시몬스의 인생은 그 자체가 아이러니다. 그가 역사의 주목을 받게 되었던 당시, 그는 도망자 신세가 되어 자기 나라를 떠나야 했다. 고국을 찾을 수 있는 유일한 방법은 비밀리에 잠깐 머물다 가는 것뿐이었다. 사도들과 복음전도자들이 그랬던 것처럼, 메노의 심장에는 복음을 전하고자 하는 뜨거운 열정이 불타오르고 있었기 때문에, 조용히 자기 나라에만 머물러 있거나 타협하는 모습으로 남아있을 수 없었다. 그는 자신이 가톨릭 사제로 일했던 비트마슘Witmarsm의 강단에서 공개적으로 설교를 할 수 없었기 때문에, 집을 떠나 외국으로 피신해야 했다. 게다가 메노가 자유롭게 설교를 해야 한다는 마음속의 중요한 가치를 실천하기 위해서는 그의 내면에 존재하는 메시지를 다른 지역의 형제들에게도 전해야 했다. 이러한 마음은 자기 마을과 친척들을 떠나가는 것이 훨씬 중요하게 만들었다. 그는 이제 새로이 맞이하게 될 믿음의 공동체와 세계의 형제들을 위해 자신의 가장 소중하고

아끼는 것들을 기꺼이 희생하였다. 이것이 의미하는 바는 그가 자기 백성, 자기 나라, 자기 고향과 친척들을 사랑하지 않았다는 의미가 아니라, 이제 새롭게 만나게 될 다른 세상에 속한 새로운 사람들을 위해 자신이 물려받은 혈연관계를 떠나야만 했다는 의미이다. 암스테르담에서부터 단찍, 엠덴에서부터 스트라스부르그에 이르기까지 여기 저기 흩어져 있던 신도들을 돕는 목자로서, 당시 지리적, 국가적 경계에 머무르지 않고 연합을 이끌어내고자 했던 영적 선구자가 되었다.[1)]

도망자가 된 사도

메노 시몬스는 네덜란드의 프리스랜드에서 태어나서 지금은 독일 지역에 속해있던 덴마크에서 죽었다. 그는 거의 평생 도망자신세로 살아야 했기 때문에, 한 곳에서 최대 6개월 이상 머물렀던 적이 없을 정도로 뜨내기가 되어 살았다.[2)] 세계 대전으로 말미암아 우리는 메노와 같이 이 곳 저 곳 옮겨가며 사는 것이 무엇을 말하는지 보다 쉽게 이해하게 되었다. 메노가 살던 곳은 서부 프리스랜드였다. 1539년 그곳에서 짜레드 레닉스라는 사람이 메노에게 쉴 곳을 마련해 주었다는 이유 하나 때문에 사형을 당한 일이 일어났다. 1541년 프리스랜드 정부가 자기를 추종하는 사람들을 만들기 위해 1년에 한 두 차례 이 지역을 방문하는 "당파의 두목"이라고 하면서 메노를 고소하였다. 1542년 정부는 무슨 일이든 메노를 도와주는 일을 하면 누구든지 사형에 처한다는 칙령을 발표하였다. 그러나 누구든지 정부 당국에 신고하는 사람이나 메노를 잡아들이는 사람에게는 100길더라는 큰 돈을 현상금으로

내 걸었다.³⁾ 메노가 겪었던 그 고난의 삶이 어떠했는지 회상하면서 현재 우리가 암스테르담에서 프리스랜드를 거쳐 그로닝겐, 엠덴으로 여행을 하거나, 메노가 잠시 머물렀던 올더숨Oldersum을 방문한다면, 그가 걸어갔던 길이 결코 쉽지 않았음을 알 수 있을 것이다. 멜키어 호프만, 칼스타트와 메노 시몬스가 머물렀던 올더숨의 울리히 반 도르눔 성은 최근에 해체되어 마지막 남아있던 그들의 숨결을 더 이상 볼 수 없게 되었다. 어쨌든 메노는 동부 프리스랜드 지역에 오래 머물 수 없었지만, 여러 지역을 종종 방문하였고, 결국 홀스타인 지방에 자신이 머물 수 있는 은신처를 마련하였다. 이 홀스타인 지방의 뷰스텐펠트Wustenfelde에 집을 마련할 수 있었고, 이 곳에서 인쇄기를 장만하여 문서를 발간하였다. 사후에 그가 묻힌 곳도 바로 이 도시였다.⁴⁾

메노는 늘 도망을 다니며 복음을 전했던 고난 받는 사도였다. 1930년 수천 명의 메노나이트들이 러시아로부터 도망 나왔을 때, 뷰스텐펠트에 위치한 난민 수용소를 방문한 적이 있었다. 우리 일행 중 한 사람이 난민들로 구성된 회중을 섬겼던 메노의 은신처를 찾아내었다. 메노가 잠시나마 평화로운 삶을 누릴 수 있었던 특별한 지역의 특별한 집에서 몇 분이나마 침묵의 시간을 가졌던 것은 결코 잊을 수 없는 기억으로 남아있다. 메노와 아나뱁티스트들은 이 땅 위에서 낯선 이방인으로 살았다.

리더와 변호인

메노는 한 지역에서 다른 지역을, 한 나라에서 다른 나라를 넘나

들며 그리스도의 제자들을 모아 하나님의 교회를 이루어 냈던 탁월한 목자였다. 단찍에 있는 교회의 문서를 살펴보면 "단찍에 있는 하나님의 교회"라는 기록이 나타난다.5) 메노는 초기부터 이 교회를 방문하면서 교회 개척을 도왔다. 그는 순회 전도사이자 감독으로 끊이지 않는 위험을 안고서 암스테르담, 리워덴, 그로닝겐, 엠덴, 함부르그, 뤼벡, 비스마르, 단찍, 콜롱, 그리고 본 지역을 방문하였다.

메노를 시샘했던 알버트 하르덴베르그라는 한 개혁신학자의 말이다. "내가 시골의 사제라고 알고 있던 메노 시몬스는 프리스랜드, 벨기에, 색슨 지역 등 독일, 프랑스, 영국 및 주변의 여러 지역에 해악을 끼친 사람이다. 그는 공교육을 받지 않았으며 항상 성경을 손에 들고 열광적으로 책을 읽었던 사람으로 이러한 설명에 대해 후세 사람들이 하등에 눈물을 흘릴 가치가 없어야 할 것이다."6)

메노는 자신의 이름을 따서 메노나이트를 시작하지도 않았고, 그렇다고 이 운동을 이끌었던 유일한 리더도 아니었다. 운동이 시작된 이후, 스위스에 미친 그의 영향력은 미미하였다. 오히려 그가 활동을 하기 전, 스트라스부르그와 엠덴 지역에 지대한 영향력을 끼쳤던 사람은 멜키어 호프만이란 사람이었다. 더크 필립스와 같은 동료들 또한 당시의 리더로서 유명했다. 리나르트 보우웬스Leenaert Bouwens는 메노처럼 여러 지역을 여행하면서 세례를 많이 베풀기로 유명한 리더였다. 지적인 리더로는 아담 패스터와 오베 필립스와 같은 사람들이 있었다. 이러한 능력있는 리더들이 적지 않았음에도 불구하고 메노가 탁월한 리더로 기억되게 된 데는 나름대로 이유가 있다. 초창기 리더 중한 사람이었던 오베 필립스는 중도에서 아나뱁티스 운동을 포기했다. 그의 형제 더크 필립스는 메노가 보여주었던 사랑과 관용의 덕을 충분히 갖추지 못하였다. 리나르트 보우웬스는 이러한 덕을 갖추지 못하였을 뿐 아니라, 메노가 보여주었던 영향력을 이끌어내지 못하였다.

루터, 쯔빙글리와 칼빈처럼 아나뱁티스트 그룹들 중 탁월한 인물이 없었다는 것은 사실이다. 아나뱁티스트 그룹 내에 탁월한 인물이 없었던 데에는 여러 가지 이유가 있다. 실제로 이들에게 견줄만한 지적인 능력을 갖춘 인물이 없었다. 시와 정부 당국에 의해 인정받은 사람 또한 한 사람도 없었다. 혹독한 박해가 그러한 리더를 출현하도록 놓아두지도 않았다. 박해받는 교회 출신의 도망자들로 구성된 회중에서 그런 능력 있는 리더가 나올 수 없었다. 게다가 아나뱁티스트들 가운데에 존재하는 교회 정책 또한 탁월한 지위를 차지하는 우수한 리더를 세우지 않도록 되어 있었다. 이러한 모든 요소들에도 불구하고, 메노 시몬스라는 이름은 저 지대의 형제들 사이에서, 그리고 그가 섬겼던 여러 나라에서 인정받게 되었다.

메노의 중요성

이미 메노는 가톨릭 사제였을 때부터 사적으로 혹은 공개적으로 아나뱁티스트들에 대해 설교하였다. 그러나 그의 생애 동안 리더로서 보여준 용기와 담대함은 주님을 위해서라면 목숨도 바칠 준비가 되어 있었고, 박해 받는 소수의 무리에 가담하는 모습으로 나타났다. 그는 아나뱁티스트 운동이 리더십을 가장 필요로 하던 시기에 거기에 맞는 리더십을 발휘하였다. 급진적인 운동을 이끌던 리더들이 모두 순교함으로써, 리더십이 사라질 위기에 처하였다. 지하로 숨어들었던 평화주의자들이 목자 없는 양의 모습으로 살아가고 있었다. 이 때 그가 용기있는 리더가 되어 이 운동을 이끌어 나갔다.

만약 메노가 없었다면 아나뱁티스트 운동이 살아남을 수 있었을까 하는 질문에 대해 모든 학자들이 동의하지는 않는다. 다른 이들의 리더십 아래, 얼마든지 이 운동이 살아남을 수 있었을 것이다. 메노와 그의 동료들의 인도하에 살아남은 아나뱁티스트 운동과 특별히 다르지 않는 모습으로 살아남았을 수 있다. 그러나 더크 필립스7)와 리나르트 보우웬스8)의 탁월한 영향력 아래에서 아나뱁티스트 운동이 진행되었다면 지금의 아나뱁티스트 운동과는 사뭇 다른 모습으로 운동이 진행되어 나갔을 것이다. 메노의 부드러운 손길과 담대한 믿음은 숨어있던 아나뱁티스트들로 하여금 밖으로 나오도록 용기를 북돋워주었고, 너무나 급진적이라서 잘못된 길을 걷었던 사람들로 하여금 평화의 길로 되돌아가도록 만들었다. 또한 지나치게 경직된 규율에 얽매이지 않도록 도와주었다.

성경, 교회, 세상, 종말 및 순교에 대해 재세례신앙운동이 견지하는 신학적인 관점은 메노가 회심하기 전에 이미 상당히 발전되었다. 그리고 암스테르담에서 단찍까지, 그리고 엠덴에서부터 라인강 저지대의 여러 도시에 있는 신자들의 마음을 하나의 형제애로 만들기에 충분했었다. 그러나 메노의 저작을 통해, 그리고 지치지 않는 열정을 통해, 메노는 아나뱁티스트 운동의 입지를 더욱 견고하게 하였다. 그의 성품과 저술 활동으로 인해 억눌렸던 재세례신앙운동에 권위가 부여된 것은 너무나 분명한 사실이다.

이러한 것뿐만 아니라, 메노와 아나뱁티스트들이 그들의 시대보다 여러 가지 면에서 엄청난 진보를 보였다는 것을 언급할 필요가 있다. 암스테르담의 A.J. 우스터반Oosterbaan이 지적했던 바대로, 칼 바르트와 같은 20세기의 신학자들은 메노가 견지하고 있던 견해와 매우 비슷한 신학적 관점을 갖고 있다.[9] 다른 신학자들은 아나뱁티스트들은 예수 그리스도의 복음을 지키고 적용하기 위해 조금도 타협하지 않아서 모진 박해를 받으면서도 하나님의 말씀의 칼날을 조금도 무뎌지지 않도록 한 반면, 종교개혁가들은 세상의 통치자들의 후원을 받기 위해 종교개혁 기간 동안에도 참된 복음을 회복하지 못하고 오히려 복음의 본질을 희석시켰다고 보고하였다.

메노의 중요성이 바로 여기에 있다. 그는 용기 있는 리더였고, 여기 저기 나라와 장소를 마다하지 않고 복음을 들고 여행하였고, 올바른 글을 쓰고자 애쓴 사람이었다. 메노의 저작들은 16세기 아나뱁티스트들로 하여금 생존해 나갈뿐만 아니라, 더 넓게 복음이 퍼져나갈 수 있도록 기여했다. 이러한 저술은 네덜란드 배경을 가진 아나뱁티스트들에게뿐만 아니라, 스위스 배경을 가진 사람들에게도 중요한 역할을 하였다. 이것이 바로 어떻게 스위스 출신의 사람들이 여러 다른 나라로 이주하면서도 메노나이트라는 이름으로 알려지게 되었는지에 대한 답이라 할 수 있다.[10] 이들 아나뱁티스트들은 메노 시몬스의 글과 다른 네덜란드 신학자들의 저술이 얼마나 소중한지 알고 있다. 메노가 저술한 "기초적인 책"은 결정적인 순간에 집필되어 세상에 태어났고, 크리스천 삶을 위해 아주 중요한 안내서가 되었다.

메노의 저작을 한데 모아놓은 책은 네덜란드, 독일, 영어로 출간되어 있고, 부분적으로는 여러 언어로 번역되어 있다. 현재 수 많은 아나뱁티스트 리더의 책이 읽혀지고 있지만, 메노 시몬스의 저술만큼 폭 넓게 읽혀지지는 않는다. 그러나 우리는 학자들이 연구하는 목적 외에, 현재 누가 메노의 책을 읽는지 질문하지 않을 수 없다. 유럽에 있는 사람들은 별로 메노의 책을 읽지 않는다. 영어로 출간된 메노의 책도 많이 읽히기 보다는 책장을 장식하는 정도로 자리하고 있는 형편이다. 메노의 전기 또한 마찬가지다.11) 실제로 메노가 누구인지에 대해 다시금 살펴보고자 하는 시대는 채 오지 않았다.

메노와 메노나이트

비록 공식적으로는 1545년 동부 프리스랜드에서 처음 사용되긴 했지만, 아나뱁티스트들은 "메니스텐Mennisten"이라는 별명으로 칭해지기 시작했다. 이 이름은 추후 거의 사용되지 않게 되었다. 스위스에서 이 이름은 거의 사용되지 않았었다. 대신에 네덜란드에서는 둡스게진덴Doopsgezinden으로 스위스에서는 토이프게진테Taufgesinnte가 가장 널리 사용되는 이름이 되었다. 재세례신앙운동이 생겨난 이래, 한편에서는 메노나이트라고 불리는 아나뱁티스트 후손들이 존재함에도, 여러 세기, 여러 나라를 거쳐 오면서, 메노의 이름은 재세례신앙운동과는 따로 사용되었다. 메노 시몬스와 더크 필립스는 단찍, 프러시아, 폴란드에 최초의 메노나이트 교회를 세웠다. 이곳에서부터 그들은 메노나이트라는 이름을 갖고 러시아와 북미, 남미로 흩어지게 되었다. 프랑스, 독일, 오스트리아에서는 스위스 아나뱁티스트들이 메노나이트로 알려지게 되었고, 북미로 이주한 이들의 후손들이 메노나이트라는 이름을 갖게 되었다. 1960년 현재 전 세계에 약 20개의 나라에 메노나이트가 존재하고 있다. 한국어로 번역된 2010년 현재, 80여개국 160만 명의 메노나이트들이 존재한다.12) 전세계에 존재하는 메노나이트들은 그들 나름대로의 독특한 특징들을 갖고 있다.

현재의 메노

전세계에 메노나이트 형제들에게 과연 메노가 의미하는 바는 무엇일까? 상징적인 존재인가 아니면 해석이나 하나의 의견인가? 우리가 하기에 따라 어떤 때는 너무나 많은 관심이 쏟아졌고, 어떤 때는 너무나 무관심했다. 우리의 태도와 관심의 표준에 따라 그를 높이기도 했다가, 평가하고 판단하기도 했다. 메노나이트들이 살고 있는 지역의 비메노나이트들은 메노를 하나의 종파 리더로 볼 수도 있다. 만약 그들이 현대화된 메노나이트들에 대해 좋은 인상을 갖고 있다면, 메노는 좋은 평가를 받게 될 것이다. 이러한 현상은 최근 키엘 대학University of Kiel의 학생들이 보여준 예를 통해서도 잘 드러난다.13)

제 2차 세계대전 후에, 뷰스텐펠트에 있던 메노의 묘지에 있던 동판이 훼손되었다. 손에 성경을 들고 있는 그의 초상이 파손되었다. 1958년 키엘 대학의 학생회 대표들은 훼손된 메노의 동판을 다시 복

원하였다. 대학의 학생들뿐만 아니라 모든 서독사람들이 메노 시몬스의 이름을 간직하고 있는 메노나이트들이 보여준 사랑에 답례하기 위한 것이었다. 문자적으로 독일에 있는 모든 학생들이 문자 그대로 잠잘 곳, 옷, 먹을 것이 없이 희망을 읽고 지낼 때, 여러 나라의 메노나이트들이 그들을 도와주었고 그들의 마음속에 다시금 새로운 희망과 용기를 불어 넣어 준 것에 대한 감사의 표현이었다. 메노에 대한 기억과 그의 정신을 기념하기 위해, 그리고 그리스도로 인해 난민처럼 살았던 그의 정신을 기리기 위해, 그들은 몇 년간 사라지고 없었던 동판을 새롭게 꾸며준 것이다. 이러한 일은 말 그대로 칼을 쳐서 보습을 만드는 일을 상징한다. 그런 면에서 우리는 메노의 정신을 이어갈 수 있을 것이다.

현재 메노나이트들이 좋지 않은 인상을 심어주면, 메노의 평가는 나빠질 것이며 그에 대한 감사는 사라지고 말 것이다. 이러한 표준은 메노나이트 공동체 내에서 살고 있는 비메노나이트들에게 제한되는 것이 아니라, 메노나이트 자신들에게도 적용된다. 왜냐하면 대부분의 사람들은 자기 선조들의 기본적인 믿음과 신념, 그리고 지나간 여러 세기에 어떤 일이 일어났는지 잘 알지 못하기 때문이다.

어떤 사람들에게 메노 시몬스는 종교 자유를 부르짖었던 위대한 투사였고, 개인에게 부여된 양심의 자유를 부르짖었던 위대한 전사였다. 우리가 인정하는 것은 실제로 그가 그런 일을 했다는 점이다. 또 어떤 사람들에게 그는 성경을 중심으로 살았던 크리스천이었다. 그는 그리스도를 성경의 중심에 두었고, 성경해석에 있어서도 그 유명한 고린도전서 3장 11절의 말씀을 항상 염두에 두고 있었다. 또 어떤 사람들에게 그는 성경을 문자 그대로 해석하는 사람으로 보였다. 몇몇 사람들에게 이것은 어느 정도 사실이다. 또 어떤 사람들에게 그는 믿음과 믿음의 열매는 불가분의 관계라고 강조했던 사람, 즉 신앙과 삶을 항상 강조했던 사람이었다. 실제로 이것은 메노가 가장 분명하게 말했던 것이기도 하다. 어떤 사람들에게 그는 교회와 기독교인의 형제 됨에 대해 아주 독특한 개념을 가진 사람이었다. 누가 이러한 것들을 부인할 수 있겠는가?

그러므로 우리는 메노 시몬스가 기여했던 독특한 장점들이 무엇인지 지속적으로 발굴해야한다. 위에서 말한 내용이 초기 아나뱁티스트였던 메노 시몬스가 가졌던 관심사였고, 강조했던 내용들이다. 어떤 것들은 다른 사람들의 생각보다 한참 앞서나갔다. 그러나 이러한 것은 그가 속했던 아나뱁티스트 그룹 내, 외적인 도전에 의해 발전된 것이기도 했다. 지금 이 시점에서 뒤돌아본다면, 믿음의 선조들이 우리들에게 물려준 유산, 특히 성경과 우리 시대의 도전이 무엇인지 진지하게 고려하면서이러한 강조점들에 균형을 잃지 말아야 할 것이다.

우리는 19세기 20세기에 종교적인 이유 때문에 북미로 이주하게 된 메노나이트 역사를 간단히 언급했었다. 이러한 이주의 역사는 메노 시몬스의 정신과 수많은 순교자들의 정신이 아직도 살아있음을 반증하는 것이다. 어떤 사람들은 그리스도께 헌신하기 위해 여전히 친척과 집을 떠난다. 개인의 자유와 종교적 자유를 찾기 위해 가진 것을 뒤로 하고 잘 알지 못하는 나라로 떠난다. 이러한 맥락에서 살펴볼 때, 그리스도께 헌신하기 위해, 그리고 앞선 믿음의 선조들이 물려준 신앙 유산을 지키기 위해 충성을 보이는 메노나이트들이 아주 많지 않다는 것 또한 사실이다. 지금 이 시대를 사는 메노나이트들 중 대부분은 이러한 크리스천의 기본적인 책임을 오해하지 않도록 심사숙고해야 할 것이다.

현재 우리는 크리스천들이 그리스도의 증인이 되어야 하고, 우리가 살고 있는 장소에서 제자도를 드러내야 함을 힘주어 강조하고 있다. 각 사람들은 크리스천으로서 자신이 중요하다고 믿는 신앙 유산이 무엇인지, 그리고 일상생활 구석구석에서 다가오는 도전이 무엇인지 헤아려 보아야 한다. 우리가 사는 세상은 일상생활에서 도피하여 "수도원적" 믿음 생활을 하는 과거의 시대와는 달리, 크리스천으로서 더 많은 도전과 더 많은 의미들을 찾도록 요구하고 있다. 메노나이트들도 세상을 뒤로 하고 등을 돌려야 했던 박해의 시대와 달리 은둔적인 모습으로 살지 않는다. 세상을 떠나서 방랑하는 모습으로 살든, 세상 속에서 도전을 감내하는 모습으로 살든, 우리는 메노 시몬스를 통해 물려받을 수 있는 것이 무엇인지 분명히 해야 한다. 그는 자기 나라를 떠나야 했다. 그렇지만 신앙과 삶의 실천이 그의 수고를 필요로 했을 때는 목석처럼 되어 자기가 가야할 길을 떠나갔다. 그의 동료들의 눈먼 열정을 죽은 것이라 여기며 자기 길을 떠나갔다. 그는 자신이 섬겼던 아나뱁티스트 그룹을 대표하여 크리스천들이 기본적으로 다루어야 할 이슈들을 기쁜 마음으로 다루었다. 뿐만 아니라, 개혁교회, 루터교회, 더 나아가 가톨릭교회 및 정부에 속해서 그를 반대했던 사람들을 위해서도 기꺼이 크리스천의 기본 정신이 어떠해야 하는지 이야기 하였다. 그는 가능한 모든 사람들과 대화하기 위해 소통의 채널을 열어두었다. 이러한 것은 그리스도를 증거하기 위함이었다. 그는 현대 에큐메니칼 운동의 선구자이며, 현재 여러 메노나이트 기관들이 협력할 수 있도록 모범을 보여준 선각자이다.

우리 시대는 메노가 살았던 시대에 독특한 의미로서의 새롭게 다가온 교회, 형제애, 그리고 기독교 제자도를 다시금 회복해야할 필요가 있다. 이러한 의미를 우리 시대에 어떻게 자리하게 할 것인가, 이러한 의미를 어떻게 다시금 찾을 것인가는 우리에게 주어진 숙제이다. 우리가 필요로 하는 그리스도의 제자들은 그 이전의 어떤 시대보다 더 간절히 요구되는 모습이다. 지금 이 순간에도 세상의 필요에 민감하게 반응하는 소그룹과 교회가 간절히 요구되고 있다. 종교라는 삶의 영역에서, 이것이 의미하는 바는 타락한 인간이 하나님과 다시금 화해하는 모습으로 드러나야만 한다. 사회 및 윤리라는 삶의 영역에서, 이것이 의미하는 바는 한 사람이 또 다른 사람에게 형제가 되는 모습으로 드러나야만 한다. 어쩌면 이것은 아주 단순해 보일지 모르지만, 이러한 두 가지 기본적인 개념은 메노가 살았던 시대가 요청하는 것 못지않게 우리에게도 소중한 일이 되어야 한다.

후주

1) Cornelius Krahn, "Menno Simons," *Mennonite Encylopedia*(Scottdale, Pa.), Vol, III, pp. 557-584.
2) Cornelius Krahn, "Menno Simons,"(1496-1561). *Ein Beitrag zur Geschichte und Theologi der Taufgesinnten*.(Schneider, Karlsruhe, 1936), pp. 57ff.
3) Ibid., p. 58ff.
4) Cornelius Krahn, "Menno Simons(1496-1561), A Pictorial Story", *Mennonite Life*, January 1961, pp. 21-28.
5) This church record is located in the bethel College Historical Library.
6) "Albert Hardenberg," *Mennonite Encylopedia*(Scottdale, Pa.0 Vol. II, p. 657.
7) "Dirk Philips," *Ibid.*, pp. 65-66.
8) "Leenaert Bouwens," *Mennonite Encylopedia* , Vol. III, p. 305.
9) J. A. Oosterbaan, "The Theology of Menno Simons," *Mennonite Quarterly Review*, July 1961, pp. 193ff.
10) Harold S. Bender, "Menno Simons and the North American Mennonites of Swiss-South German Background," *Mennonite Quarterly Review*, October, 1961, pp. 317-18.
11) Cornelius Krahn, "Menno Simons Research(1910-1960)," *Church History*, vol. XXX, No. 4, December 1961, pp. 473-480.
12) Walter Quiring, "Mennonites in British Honduras," *Mennonite Life,* January 1961, p. 10
13) Karsten Köhler, "At the Dedication of the Menno Marker," *Mennonite Life*, January 1961, p.8.

7. 메노 시몬스 연구 1910~1960년까지

코넬리우스 크란(Cornelius Krahn)

메노나이트 사상, 역사 및 위인전기와 관련된 연구 분야는 20세기, 특히 제 2차 세계대전 이후 활기를 띠기 시작했다. 제 2차 세계 대전 이후, 재세례신앙운동 및 메노나이트 운동의 특성을 다루었던 박사 학위 논문만 총 120여 편이 북미와 유럽에서 발표되었다.[1] 이렇게 갑작스럽게 관심이 증폭된 데는 여러 이유가 있다. 유럽의 종교-문화적인 상황과 정치적인 상상이 변화하면서, 기존의 신앙 고백 및 교파에 대한 편견들이 점차 사라지고 새로운 관점들이 생겨났다. 몇몇 개신교 자유주의 신학자들이 종교개혁의 좌파라고 불렸던 이 운동에 관심을 갖게 되었고, 이 분야에 대한 연구를 활발히 진행하게 되었다. 한편 전통에 관심이 많은 학자들 또한 재세례신앙운동을 면밀하게 조사하는 신진 학자들의 연구를 통해 상당한 영감을 얻게 되었다. 유럽의 자유교회에 대한 입지 또한 매우 호전되었는데, 이는 제 1차, 제 2차 세계대전의 엄청난 격동의 시절을 거치면서 많은 연구가 쏟아져 나왔기 때문이었다. 국가 교회만이 유일한 교회라고 여겼던 이전의 관념과 여기 저기 흩어져있던 교회는 분파sects에 불과하다는 유럽 사람들의 관념이 서서히 사라지게 되었다. 북미에서도 신학적 분위기와 교파간의 분위기가 다소간 "믿는 것과 믿음이 가는 것"의 본질을 추구하는 모습으로 바뀌어 갔다. 종교개혁의 좌파라고 인식되었던 재세례신앙운동은 제2차 세계 대전 이후로 연구분야에 있어서 그 어떤 다른 기독교 그룹보다 더 많은 관심을 끌게 되었다.

이 글에서 밝히고자 하는 서지학적 내용은 주로 네덜란드, 프리스랜드 지역의 비트마숨에서 태어난 메노 시몬스1496-1561에 관한 것이다. 그는 자신의 고향에서 가톨릭 사제가 되었고 1536년 아나뱁티스트가 되면서 이 운동에 가담하게 되었다.

메노 시몬스는 1561년 독일, 홀스타인의 올데스로에의 뷔스텐펠트에서 사망하였다. 그의 죽음은 400년 후에 미국과 독일과, 네덜란드에서 기념되었다. 네덜란드에서의 기념식이 가장 성대하게 치러졌으며, 가장 인상적이었는데, 그 이유는 그 나라의 메노나이트들이 이 기념식에 대거 참여하였을 뿐 아니라, 국가에서 종교개혁 운동을 이끌었던 가장 유명한 사람 중 하나로 메노를 소개했기 때문이었다.

연구의 진행과 연구소의 설립

비록 메노 시몬스가 박해 받는 공동체인 아나뱁티스트들의 리더로 그의 생애 전반 동안 프리스랜드, 홀스타인, 라인강 하류지역 및 프러시아 등 주로 독일어를 사용하는 지방에서 도망자의 신세로 살았지만, 메노와 그의 시대에 대한 연구 대부분은 네덜란드 메노나이트 학자들에 의해 주로 수행되었다. 이것은 원래 네덜란드 메노나이트들이 문화적으로 높은 수준을 이루고 있다는 사실과 목회 수준이 높다는 사실에 근거한다. 네덜란드 연구 조사는 암스테르담에 있는 메노나이트 신학대학원과 암스테르담 대학의 교수들에 의해 집중적으로 이루어졌다. 유명한 학자들 중에 블라우팟 텐 케이트Blaupot ten Cate, J.C. de 후프 샤퍼J. C. de. Hoop Scheffer, G.E. Frerichs, 사무엘 크래머Samuel Cramer, 크리스천 셉Christian Sepp, 캐럴 보스Karel Vos 그리고 J.W. 퀼러J.W. Kühler가 연구진에 참여하였다.2)

　이 학자들이 다루었던 문제는 메노가 자기 자신에 대해 언급한 부분이 많지 않다는 것이었다. 그의 동료들과 그를 공격했던 사람들조차 그에 대한 정보를 많이 남기지 않았다. 혹독한 박해가 메노와 그의 동료들에 대해 뭔가 후세들에게 남겨 놓을 만한 것을 정리할 여유를 갖지 못하게 만든 것이었다. 메노에 대한 대부분의 정보는 그의 저술에 드러나 있는 것으로 다른 사람들의 기록에 비해서는 상당히 많은 편이었다. 그러나 이러한 정보는 그의 신앙심과 종교적 생각을 고려해볼 때 아주 중요한 정보이지만, 자신의 신변에 대한 기록은 아주 적은 양에 불과했다.

　메노의 인생이 어떠했는지 모아놓은 대부분의 자료는 후프 샤퍼J. C. de. Hoop Scheffer와 캐럴 보스Karel Vos에 의해 정리되었다. 메노의 자서전적 기록에 대한 자세한 내용은 여러 논문들에 나타나 있다. 최근 자서전적 기록들 중 대부분은 존재하는 자료들을 거의 총 망라한 것이다. 메노나이트 백과 서전에 들어있는 "메노 시몬스" 라는표제어 하에 정리된 내용은 1957년 까지 출판된 서지학을 정리한 것이다.Vol.III, pp. 583-84

이 참고 문헌을 작성하게 된 일반적인 배경은 "네덜란드 메노나이트들의 역사적 기록들"이라는 제목하에 실린 논문을 기초로 하였다.Church History, Vol. XIII, Nr. 3, September 1944, pp. 3-30. 보다 더 잘 정리된 참고문헌은 메노나이트 백과사전의 "네덜란드의 역사적 기록" 이라는 항목아래 세부적으로 정리되어 있다. 메노나이트 백과 사전은 헤롤드 벤더, 코넬리우스 크란, 멜빈 깅그리치에 의해 편집되었다.edited by H. S. Bender, *Cornelius Krahn and Melvin Gingerich*, Scottdale, Pennsylvania, Vol. II, 1956, pp. 758-764

발터 쾰러가 쓴 "Das Taufertum in der neueren kirchengeschichtlichen Forschung"*archiv für Reformationsgeschichte*, Vol. XXXVIII, 1941, pp. 349-364라는 논문 또한 도움이 되었다. 에버하르드 토이펠Eberhard Teufel의 "Täufertum und Qu kertum im Lichte der neueren Forchung"*Theologische Rundschau*, Vol. XIII, 1941, Heft 1/2 , pp.22-48; Vol. XVII, 1948, Heft 2, pp. 161-181, 조지 윌리엄스George H. Williams의 "Studies in the Radical Reformation1517-1618: A Bibliographical Survey of Research Since 1939," Part II*Church History*, Vol XXVII, Nr. W, 1958 eh 도움이 되었다. 「메노나이트의 삶*Mennonite Life*」, North Newton, Kansas라는 잡지는 1년에 한번씩 "메노나이트 문헌들"이라는 제목으로 매년 4월에 책 목록을 싣고 있다. 인디아나주 엘커하트에 있는 메노나이트 연구소institute of Mennonite Studies에

서 출간할 『아나뱁티스트들의 문헌*Anabaptist Bibliography*』이라는 책도 반드시 언급해야 할 것이다.

네덜란드 암스테르담에 있는 메노나이트 신학대학원 도서관은 여러 세기 동안 가장 중요한 연구를 담당해 왔다. 특별히 북미에서 재세례신앙운동에 대한 관심이 급증하자, 인디아나 고센에 있는 고센 대학, 캔사스 주의 뉴턴에 있는 베델대학이 서로 연결되어 새로운 센터가 설립되었다. 이러한 역사 및 고문서 도서관은 희귀자료를 소장하고 있을 뿐 아니라, 암스테르담과 여러 지역의 도서관에 소장되어 있는 책들을 마이크로필름으로 볼 수 있도록 배려하고 있다. 특히 베델 대학의 역사 도서관은 메노나이트 교단 총회의 역사 위원회의 도움으로 암스테르담에 있는 희귀 장서들을 마이크로필름으로 담는 작업을 꾸준히 해왔다. 자연스럽게 여러 대학과 신학대학원들이 재세례신앙운동 관련 자료를 상당히 많이 소장하게 되었다.

세기의 변화

암스테르담 대학 졸업생이자 메노나이트 신학대학원 졸업생인 캐럴 보스Karel Vos는 자신의 인생을 메노를 연구 조사하는 데 인생을 바친 사람이다. 그는 네덜란드뿐만 아니라 세계의 거의 모든 고문헌 자료를 살펴가면서 메노에 대한 연구 및 그에 대해 연구한 학자들에 대해 정리한 사람이다. 그의 조사 연구 중 가장 탁월한 성과가 『메노 시몬스*Menno Simons 1496-1561*』이라는 제목의 책으로 출간되었다. Zijn leven en zijne reformatorische denkbeeldenLeiden, 1914. 그는 메노에 대한 방대한 정보를 한 책으로 처음 엮어낸 사람이었다. 그의 재능은 메노의 인생에 얽힌 이야기와 실적을 한눈으로 알아볼 수 있게 엮어내었다. 그러나 보스는 책 목록을 정리하는데, 특히 신학자들의 자료들을 충분히 싣지 못한 아쉬움이 있다. 그의 책은 짜임새가 조직적이지 못하고 해석에 약점이 있어서 사람들이 선호하지 않았다. 그는 자신의 책을 *Doopsgezinde Bijdragen*이라는 간행물과 여러 잡지에 소개하면서, 연구조사를 지속하였다.[3]

그의 해석에 따르면, 평화주의적인 아나뱁티스트들을 대표하는 메노와 급진적인 뮌스터운동 사이의 기본적인 차이에 있어서 전통적인 관점을 비껴가고 있다. 보스는 메노 시몬스의 평화주의적 입장을 지지하는 사람들이 힘에 의해 하나님의 왕국을 이 땅 위에 건설하고자 하는 희망을 포기하거나 타협한 것으로 뮌스터운동을 소개하였다. 암스테르담 대학 및 메노나이트 신학대학원의 교수인 J.W. 퀼러는 이러한 보스의 입장에 반대하는 학자이다. 그는 자신의 책, *Geschiedenis der Nederlandsche Doopsgezinden in de zestiende eeuw*Haarlem, 1932; 2nd edition, 1960을 통해 메노와 그를 지지했던 사람들이 어떠한 입장에 있었는지 자세히 설명하고 있다.[4]

20세기 전반부에는 메노 시몬스의 인생과 믿음이 어떠했는지에 대한 서로 다른 관점들이 여러 나라의 수 많은 학자들에 의해 다루어졌다. G.E. Frerichs은 메노 시몬스의 저작에 대한 언어학적 독특성에 대해 연구한 학자이다.[5] 그가 제시했던 질문은 메노나이트 백과사전 4권에 "Oosters"라는 항목으로 실려있다. 러시아의 D.H. Epp이라는 사람이 메노에 대한 연구를 진행했다.6) 메노 시몬스의 초상에 대해서 G.F. Boekenoogen7)과 S.S. Smeding 8)이 연구하였다. 메노가 가톨릭을 포기하고 난 후 어디에 머물렀는지에 대해서는 G.E. Frerich, 9)E.F. Goverts10), H van der Smissen11), Otto Regier12)에 의해 연구가 이루어졌으며 "메노는 어디에서 살다 죽었는가?"하는 제목으로 논문이 발표되었다. 로버트 돌링거Robert Dollinger는 그의 책에서 Schleswig-Holstein 지역의 메노나이트들에 대해 다루면서 이러한 질문에 상당한 지면을 할애하였다.13)

메노 시몬스의 출생, 사망 그리고 그의 생애에 대한 질문은 캐럴 보스Karel Vos에 의해서도 조사되었다. 이 전까지 그의 출생 및 사망 년도는 정확하지 않았다. 아주 오랫동안 메노의 출생 년도는 1492년으로, 그의 사망 년도는 1559년으로 추정되었다. 그러다가 보스의 연구이래로 1496-1561년이 맞는 것으로 받아들여졌다.

영어로 출간된 메노 시몬스에 대해 제대로 정리된 최초의 전기는 존 홀쉬John Horsch에 의해 쓰였고 『메노 시몬스, 그의 생애, 수고와 가르침*Menno Simons, His Life, Labors and Teachings*』 Scottdale, Pa. 1916 이라는 제목으로 출판되었다. B. Bax.와 같은 저자들에 의해 『아나뱁티스트의 흥망성쇠*Rise and Fall of the Anabaptist*』 London, 1903, H.E. Dosker가 '초기 네덜란드 아나뱁티스트' The Early Dutch Anabaptists, Philadelphia, 1921라는 제목의 글이 메노에게 헌정되었다. 홀쉬는 자신의 책에서 네덜란드와 독일 학자들이 발견했던 네덜란드 아나뱁티스트들과 메노 시몬스에 대해 집중 조명하였다. 그러나 보스와 홀쉬의 자료 사이에는 차이점이

상당히 많이 존재한다. 보스는 신학적인 관점에서 상당히 자유주의적인 관점을, 홀쉬는 근본주의적인 관점을 견지하고 있다. 홀쉬는 메노 시몬스의 생애와 신학을 아주 세부적으로 알고자 했던 것이 최대 관심사였다. 그럼에도 불구하고 그의 전기는 메노를 객관적으로 묘사하는 데 충분한 설득력을 갖지 못하였다. 홀쉬는 메노와 네덜란드 아나뱁티스트들에게 관심이 많았으며, "메노 시몬스는 침례를 시행했는가?" 하는 논문을 발표하기도 했다. Mennonite Quarterly review, Vol. I, No. 1, January, 1927 그 외에도 "뮌스터 운동에 대한 메노 시몬스의 태도Menno Simon' Attitude toward the Anabatist in Münster, M.Q.R., Vol,. X, No. 1, January 1936," "네덜란드 재세례신앙운동에 대한 퀼러 박사의 생각이 역사적으로 확실한가?"M.Q.R., Vol VII, January 1933 등의 논문이 있다.

메노 시몬스의 신학 및 생애를 다룬 최초의 독일어 판은 *Menno Simons*1496~1561이라는 제목으로 코넬리우스 크란에 의해 발표되었다. *Ein Beitrag zur Geschichte und Theologie der TaufgesinntenKarlsruhe*, 1936.[14] 여기에서 저자가 목표했던 것은 이 분야의 학자들을 찾아서 그들의 문서들을 충분히 이용하고자 했고, 2부에서 메노 시몬스와 그의 지지자들의 신학을 정리하고자 했다. 코넬리우스 크란은 메노의 중요 관심사가 그리스도의 참된 교회를 세우는 것이며, 제자도를 실행하는 것으로 보았다. 저자는 독일어로 된 글들과 미국의 잡지에 나타난 메노 시몬스의 다양한 기록들을 찾아내기 위해 조사 연구를 지속해 나갔다.[15] 그는 메노 시몬스의 인생 이야기를 대중들이 쉽게 읽을 수 있도록 출간하였다.[16]

400주년 추모일을 맞이하면서 헨리 스미스C. Henry Smith가 쓴 메노 시몬스의 회심과 관련된 전기가 『메노 시몬스 무저항의사도Menno Simons;An Apostle of Nonresistant Life』Berne, Indiana, 1936 라는 제목으로 출판되었다. 헤롤드 벤더와 존 홀쉬에 의해 메노 시몬스의 생애와 저술Menno Simons' Life and Writings, Scottdale, 1936이 출간되기도 하였다.

메노 시몬스의 신학

19세기의 유럽 개신교는 자유주의로 선회하였다. 비록 1863년 초 호크스트라S. Hoekstra가 아나뱁티스트 교리와 다른 개신교 교리를 비교하기는 했지만, 메노가 이렇다 할 신학이 없었으며, 더욱이 정교하게 설명할 만한 가치 있는 신학적 내용은 별로 없다고 추측하였다.17) 퀼러J.W. Kühler조차도 초기 아나뱁티스트들에겐 신학이 없었다고 할 정도였다. 메노의 신학과 윤리적 관점과 관련된 내용들, 즉 신학과 실행에 관련된 질문들을 중심으로 가톨릭 및 프로테스탄트 반대자들과의 열띤 토론이 있었고, 메노의 다양한 저작들이 분명히 존재함에도 불구하고 이러한 일이 발생했다. 존 홀쉬가 자신의 글에서 강하게 주장한 것처럼 메노 시몬스가 어떤 내용에 있어서는 분명한 신학적 관점을 갖고 있었다. 1936년 메노 사이먼에 대한 글의 제 2 부에서 크란Krahn이 밝히고 있는 것처럼 메노 시몬스의 기본적인 신학적, 윤리적 관점은 모두 교회에 대한 개념과 긴밀하게 연결되어 있다. 이 외에도 프랭클린 리텔Franklin H. Littell과 같은 학자들이 이러한 견해를 지지하였다. 비록 리텔의 원래 연구 분야는 메노 시몬스에 대한 것이 아니라 남부 독일 아나뱁티스트에 관한 것이었지만, 이러한 메노 시몬스의 신학적 관점을 지지하였다.18) 프리츠 헤이어Fritz Heyer는 Der Kirchenbegiff der SchwärmerLeipzig, 1939라는 자신의 박사학위 논문에서 메노 사이먼이 견지했던 아나뱁티스트 교회의 개념에 대해 설명하였다. 그러나 그는 교회론을 설명하는데 주로 아나뱁티스트를 반대했던 사람들의 자료들을 인용하였다.19) 울리히 베르그프리드Ulrich Bergfried는 재세례신앙운동의 신학을 좀 다른 관점에서 연구하였는데, 그는 프리츠와는 달리 네덜란드 아나뱁티스트 자료들을 충분히 이용하였다.20) 발터 쾰러 Walther Köhler, *Dogmengeschichte* II, Das Zeitalter der Reformation, Zurich, 1951는 다른 개신교 신학과 동등한 차원에서 아나뱁티스트 신학적 사상을 다루었던 최초의 개신교 학자였다.

네덜란드 개신교 신학자였던 베셀J.H. Wessel은 개신교의 기본적인 신앙과 16세기 아나뱁티스트의 신앙을 비교 연구하면서, 메노 시몬스를 자세하게 소개 하였다.21) 그의 연구는 호크스트라S. Hoekstra의 연구와 쌍벽을 이룰 만한 업적으로 평가되고 있다. 네덜란드의 메노나이트 역사를 소개함에 있어서, 짚N. van der Zjipp은 16세기 재세례신앙운동과 연결하여 메노 시몬스와 그의 신학을 소개하였다. 그는 1950년 메노 시몬스의 전기를 출판함과 동시에 네덜란드의 여러 논문집에 메노 시몬스의 400주년 추모논문을 기고하기도 했다. 이에 앞서 그는 "형제됨에 있어서 메노 시몬스의 중요성"*M.Q.R.*, Vol. XI, No. 1, January 1937이란 논문을 출간하기도 했다.

메노 시몬스의 저술을 번역한 사람으로는 레오나르드 베르두인

Leonard Verduin이 있으며 "메노 시몬스의 신학 개관"이라는 기사를 쓰기도 했다.22) 메노 시몬스 이래로, 늘 풀리지 않았던 숙제 중 한 가지는 그리스도의 성육신에 대한 그의 독특한 견해였다. 버크 하르트I.E. Burkhart는 "성육신에 대한 메노 시몬스의 견해" 라는 제목의 논문을 발표하였고, 곧 이어 "성육신에 대한 메노 시몬스의 견해: 수정판"이란 논문을 냈다.23) 크란은 "Der Gemeindebegriff mennos im Zusammenhang mit seiner Lehre von der Menschwerdung Christi"라는 장을 별도로 할애하여 이 주제를 다루었다.24) 하나스 요아킴 쇼에프스Hans Joachim Schoeps 같은 주제를 다루면서 멜키어 호프만과 메노 시몬스를 포함시켰다. 메노 시몬스는 멜키어 호프만의 견해를 받아 들였다.25) 1961년 암스테르담에서 열린 메노 시몬스 400주년 추도식에서, 우스터반J.A. Oosterbaan은 "메노 시몬스의 신학De Theologie van Menno Simons"이라는 주제 강연회에서 이 질문을 다시 다루었다.26) 프리츠 키퍼Frits Kuiper는 Karl Barth's veroordeling van de KinderdoopAmsterdam, 1939라는 논문을, 빈센트 하딩Vincent G. Harding은 "메노 시몬스와 기독교 삶에 있어서 세례의 역할"Menno Simons and the Role of Baptism in the Christian Life, M.Q.R., Vol. XXXIII, October, 1959이라는 논문을 발표하였다.

교회의 규율에 대한 질문 또한 특별한 관심을 끌었다. 메노 시몬스에 대한 거의 모든 전기가 이 주제를 다루고 있다. 존 홀쉬는 "추방에 대한 메노 시몬스의 입장"27)이라는 논문을 썼으며, 프랭크 피터스Frank C. Peters는 "메노 시몬스의 저술에 나타난 파문"The Ban in the Writings of Menno Simons 28)라는 논문을 썼다.

최근의 연구

본 글에서는 북미와 유럽의 일반 백과사전에 실려있는 메노 시몬스에 대한 항목은 다루지 않았다. 대부분의 백과사전은 메노 시몬스와 주요한 아나뱁티스트 리더들의 이름이 표제어로 실려 있다. 이 논문이 관심을 갖는 것은 다른 일반적인 문서들이 다루지 않는 것들을 다루고자 함이다. 이 글의 목적은 보다 중요한 자료와 연구를 소개하는 것이다. 유럽과 북미의 수많은 논문들은 1536년에 있었던 메노 시몬스의 회심과 1561년 그의 사망 400주년을 맞아 메노 시몬스에 대해 다루어 왔다. 유명한 논문들이 발표되어 그에 대한 이해를 도왔다. 그렇다고 이러한 논문들이 모두 원래의 문서들을 근거로 하지는 않았다. 어떤 부분이 문학적 이야기에 근거한 것인지 다루는 문서들이 거의 없었다. 그러나 최근 중요한 연구들이 주목을 끌게 되었다. 수많은 책들이 메노 시몬스 사망 400주년을 기념하면서 쏟아져 나왔다.

가장 중요하고 포괄적인 책이 마이후이젠H.W. Meihuizen에 의해 『메노 시몬스』*Menno Simons, Ijveraar voor het herstel van de nieuwtestamentische gemeente, 1496~1561*, Haarlem, 1961라는 제목으로 출간되었다. 부제목을 통해 알 수 있듯이, 저자는 신약교회의 회복에 대한 메노의 관심에 연구의 초점을 맞추고 있다. 이 책의 첫 장에서 그는 메노의 삶을 자세히 소개하였다. "Geloofswereld"라는 제목 하에 두 번째 장에서는 중생, 하나님의 말씀, 그리스도, 믿음, 세례, 교회의 개념, 주의 만찬, 목회, 교회 규율 및 관계에 대한 내용을 다루고 있다. 세 번째 장에서는 책의 1, 2과 연결하여 메노 시몬스의 저술을 선별하여 다루었다.

로렌스L. Laurense는 "Nog eenmaal"*Stemmen*, Vol. 10, No. 3, 1961이란 논문을 기고하였는데, 마이후이젠H.W. meihuizen이 쓴 책에 대한 긴 서평으로써 메노의 신학적 관점을 해석함과 동시에 기본적인 질문을 제시하였다.

네덜란드 침례교의 목사이자 학자인 브랜드마J.A. Brandsma는 『비트마숨의 메노 시몬스』*Menno Simons van Witmarsum. Voorman van de Doperse beweging in de lage landen*, Drachten, 1960라는 책을 저술하였다. 비록 이 책은 메노의 교회관과 교회의 규율에 대해 두 장을 할애하면서 메노의 인생을 다룬 책이다. 기본적으로 평신도에 깊은 관심을 보이고 있는 이 책은 메노 시몬스의 저술에 대한 각주까지 잘 정리되어 있을 정도로 학문적으로 손색이 없는 책이다. 비써M.S. E. Visser는 *Minnie Simens en de Minnisten*Volsward, 1960 란 책을 썼는데, 브랜드마가 쓴 책이 강조하는 바처럼 프리스랜드 출신의 메노를 다루었을뿐만 아니라, 프리스 언어를 사용하였다. 그는 개혁교회의 근본주의적 관점에서 메노를 보았다. 그가 사용한 표준은 네덜란드 보수적 캘빈주의 입장이었다. 그럼에도 불구하고, 그의 연구는 메노가 그의 시대에 고민했던 문제들이 무엇이었는지 발견하는데 도움을 주고 있다.

『메노나이트 생활*Mennonite Life*』29)라는 잡지는 메노의 사망 400주년을 기념하는 특집호를 실었는데, 코넬리우스 크란의 "메노 시몬스와 세계의 메노나이트 형제들Menno Simons and the Mennonite World Brotherhood 메노 시몬스1496~1561 화보,"와 메노 시몬스를 연구하는 두 명의 신진 학자가 쓴 글이 실렸다. 윌리엄 키니는 "1539~1564년까지 네덜란드 아나뱁티스트 사상과 실천The Development of the Dutch Anabaptist Thought and Practice from 1539~1564"라는 그의 박사학위 논문의 일부로 "새로운 탄생"이란 주제로 글을 실었다.30) 헨리 포에트커Henry Poettcker의 논문, "가톨릭에 대한 메노 시몬스의 논쟁Menn Simons' Polemics with Catholics" 역시 "메노 시몬스의 성서해석학적 접근 방법"31)이라는 자신의 박사학위 논문에서 한 장을 발췌하여 실었다. 포에트커는 같은 주제를 가지고 "메노나이트의 교육학적 문화적 문제들" 이라는 회의에서 주제발표를 하였다.32)

1961년, 유럽과 미국에서 개최된 메노 시몬스의 사망 400주년 기념과 관련된 논문들을 언급할 필요가 있다. 우선 유럽에서는 암스테르담과 비트마숨에서 논문 발표회가 있었다. 마이후이젠H.W. Meihuizen, 짚N. van der Zjipp, 코넬리우스 크란Cornelius Krahn이 *Stemmen uit de Doopsgezinde Broederschap*Vol. 10, No. 2, 1961에 논문을 실었고, 우스터반J.A. Oosterbaan이 *Mennonite Quarterly Review*Vol., XXXV, July, 1961에 논문을 기고하였다. 이 책에 실린 논문들은 베델 대학에서 개최된 메노 시몬스 강연회를 통해 발표된 것들이다. 인디아나 엘크하르트와 고센에 있는 메노나이트 연합 성경대학원은 프랭클린 리텔Franklin Littell을 강사로 초청하여, 『메노 시몬스에게 드리는 찬사』Scottldale; Herald Press, 1961라는 주제 발표회를 가졌다.

메노 시몬스의 생애와 신학을 다루는 연구에 있어서, 메노의 동료들과 적대자들을 간과해서는 안 된다. 그와 함께 일했던 동료로서는 더크 및 오베 필립스와 보우웬을 들수 있다. 그를 반대했던 적대자들 중에는 갈리우스 파버Gallius Faber, 마틴 마크론Martin Macron, 존 라스코John a Lasco 그리고 마틴 던카누스Martin Duncanus가 있다. 이러한 리더들은 메노의 삶에 지대한 영향을 끼친 사람들이며 특별히 그들과 함께 했던 문서 기록들은 메노나이트 백과사전에서 확인할 수 있다. 메노 시몬스의 선조가 누구인지 다루는 책 한권에 대해 특별히 언급하고자 한다. 피터 카워라우Peter Kawerau는 *Melchior Hoffman als religiöser Denker*Haarlem, 1954를 썼다. 호프만의 신학에 대해 조심스럽게 분석하면서, 메노 시몬스가 호프만에게 상당히 많이 의지했음을 드러내고 있다. 이와 비슷한 연구들은 메노 시몬스가 베른하르트 로스만Bernhard Rothmann, 롤H. Roll 및 네덜란드의 초기 개혁운동을 이끌었던 여러 리더들에게 신학적으로 많은 것을 의지했을 가능성도 배제하지 않고 있다.

메노의 저술들

메노 시몬스에 관한 조사 연구를 시행하면서 이루어낸 최고의 업적들 중 하나는 레오나르드 베르두인Leonard Verduin의 번역과 존 크리스찬 웽어John Christian Wenger의 편집으로 『메노 시몬스의 전집』*The Complete Writings of Menno Simons*. c. 14996~1561 이 네덜란드어에서 영어로 새로 정리, 번역되었다는 점이다. 메노의 글들을 영어로 읽을 수 있게 된 것뿐만 아니라, 번역된 내용이 상당히 좋아졌다는 점이다. 이전에 언급하였지만, 1936년 헤롤드 벤더가 쓴 메노 시몬스의 전기에 메노가 쓴 글들을 읽을 수 있게 되었다는 점이다.33) 메노 시몬스의 글들 중 간략한 발췌본이 Great Voices of the Reformation 과 Spiritual and Anbaptist

Writers에 실렸다.34) Decumenta Reformatoria I에는 메노의 Foundation Book에서 발췌한 내용들이 실렸다.35) 시편 25편의 묵상 내용이 프리시안 언어로 번역되어 출판되었다.36)

어윈 홀스트Irwin B. Horst는 메노 시몬스에 대한 조사 연구의 이정표로 자리매김한 "메노 시몬스에 대한 책 목록Bibliography of Menno Simons"을 전부 다 정리하였고 이로 인해 이 분야이 있어서 특별한 연구자료서 가치를 발휘하게 되었다. 이제 가장 시급한 일 중 하나가 다른 아나뱁티스트 리더들과 더불어 네덜란드 종교 개혁과 서지학 내에 메노 시몬스의 원래 글들을 학문적으로 정리하는 일이었다. 네덜란드, 독일, 북미의 학자들은 이 일을 하기 위해 서로 협력할 것이며 학문을 증진하고 출판에 필요한 일을 진행해 나갈 것이다.

결론적으로 우리가 말하고 싶은 것은 재세례신앙운동에 대한 조사 연구가 멈춰졌거나 고갈된 것이 아니라는 점이다. 오히려 분명한 것은 메노 시몬스에 대한 이러한 서지학적 조사 연구로부터 신학적인 해석이 생겨나게 되었다는 것이다. 아나뱁티스트 조사 연구에 있어서 이것은 좋은 예가 될 것이며, 자연스럽게 발전적인 모습을 보이게 될 것이다. 예전에 존재했던 사실과 자료들이 이용 가능하게 되었다. 한편 신학적 철학적 질문에 대한관심은 점점 더 증가하고 있다.

아나뱁티스트에 관심이 많은 학자들에게 무제한적인 길이 열리게 되었다. 도서관들과 고문서 자료관 및 연구 시설들이 북미와 유럽에 들어서게 되었다. 특별히 북미의 도서관들은 이러한 자료와 정보를 훨씬 더 많이 소장하게 되었다. 원하기만 한다면 모든 학자들이 볼 수 있는 희귀 문서를 마이크로 필름 형태로 만들어 주었다. 세계의 조사 연구는 줄어들고 있지만, 학자들은 이전에 알려지지 않았던 엄청난 자료들을 쉽게 발견할 수 있게 되었다. 이러한 연합된 노력과 열심히 모든 일이 가능하게 되었다.

후주

1) Comelius Krahn, "Anabaptism-Mennonitism in Doctoral Dissertations," *Mennonite Life*, Vol. XIII, April 1958, pp. 83-87; "Doktorarbeiten iiber das Taufertum," *Mennonitische Geschichtsblatter,* 15. Jhrg., Nr. 10, 1958, S. 20ff.; Melvin Gingerich and Cornelius Krahn, "Mennonite Research in Progress," *Mennonite Life*, Vol. XIV, April 1959; Vol. XV, April 1960; Vol. XVI, July 1961; Vol. XVII, April, 1962.
2) See respective articles in *Mennonite Encyclopedia* edited by H. S. Bender, Cornelius Krahn and Melvin Gingerich(Scottdale, Pa.).
3) "Kleine bijdragen over de Dooppersche beweging in Nederland tot het optreden van Menno Simons,"(1917); "Luther- Veluanus-Menno," *Onze Eeuw*, November 1917; "Nieuwe berichten over Menno," *Zondagsbode*, Vol. XXXVIII, June 7, 1925. Check the article "Vos, Karel" in *Mennonite Encyclopedia*, Vol. IV, pp. 855-856, for additional writings on this subject.
4) See also "Het Nederlandsche Anabaptisme en de revolutionaire woelingen der zestiende eeuw," *Doopsgezinde Bijdragen*(1919); "Het Anabaptisme in Nederland," De Gids(1921).
5) "Menno's taal," *Doopsgezinde Bijdragen*(1905).
6) "Menno und der evangelische Ausschluss," *Mennonitisches Jahrbuch*, Bredyansk, Nr. 10(1914).
7) Doopsgezinde Bijdragen(1916).
8) "The Portraits of Menno Simons," *Mennonite Life*, Vol. Ill, July 1948.
9) "Menno's verblijf in de eerste jaaren na zijn uitgang," *Doopsgezinde Bijdragen*(1906).
10) "Das adelige Gut Fresenburg und die Mennoniten," *Zeitschrift der Zentralstelle fur Niedersachsische F amiliengeschichte*(Hamburg, 1925).
11) *Mennoniten und Mennolinde zu Fresenburg*(1922).

12) *Mennonite Life*, Vol. XVI, January 1961.
13) *Geschichte der Mennoniten in Schleswig-Holstein, Hamburg und Lubeck*(Neumiinster, 1930). See also E. Crous, "Auf Mennos Spuren am Niederrhein," *Der Mennonit*, VIII(1955), Nr. 10-12; IX, Nr. 1-2.
14) *Menno Simons*, 1494-1561. *Zijn leven en werken en zijne reformatorische denkbeelden*(Leiden, 1914); "Jaartallen uit het leven van Menno Simons,"(Leiden, 1912); Ernst Crous, "Menno Simons' Todesjahr," *Mennonitische Geschichtsblatter*, Vol. XVI, Nr. 11, 1959.
15) "Zum 'Austritt des Menno Simons aus dem Papsttum' vor 400 Jahren," *Christlicher Gemeinde-Kalender*, Ibersheim bei Worms(1936); "Menno Simons in Deutschland. Sein Wirken in Nordwestdeutschland und Westpreussen," *Mennonitische Geschichtsblatter* Vol. I, Nr. 1 and 2, November 1936); "The Conversion of Menno Simons: A Quadricentennial Tribute," *Mennonite Quarterly Review*, Vol. X, Nr. 1, January 1936; "Menno Simons' Fundament-Boek of 1539-1540," M. Q. R., Vol. XIII, October 1939.
16) M*enno Simons ' Lebenswerk(*Amsterdam, 1937); second enlarged edition(North Newton, Kansas, 1951).
17) *Beginselen en leer der oude Doopsgezinden, vergeleken met die van de overige Protestanten*(Amsterdam, 1863).
18) *The Anabaptist View of the Church(*American Society of Church History, 1952); second edition(Boston, 1958) and "The Anabaptist Concept of the Church" in *The Recovery of the Anabaptist Vision*, edited by Guy F. Hershberger(Scottdale, Pa., 1957).
19) See review by John H. Yoder in *M. Q. R.*, Vol. XXXIV, January 1960, pp. 61-67.
20) *Verantwortung als theologisches Problem im Taufertum des 16. Jahrhunderts*(Wuppertal-Elberfeld, 1938).(See review by Walther Kohler in *Mennonitische Geschichtsblatter,* 5. Jhrg., August 1940, pp. 10-19).
21) *De leerstellige strijd tusschen Nederlandsche Gereformeerden en Doopsgezinden in de zestiende eeuw*(Assen, 1945).
22) *Geschie denis der Doopsgezinden in Nederland*(Arnhem, 1952).
23) *M. Q. R.*, Vol. IV, April 1930; Vol. VI, April 1932.
24) *Menno Simons(1496-1561). Ein Beitrag zur Geschichte und Theologie der Taufgesinnten*(Karlsruhe, 1936).
25) *Vom himmlischen Fleisch Christi*(Tubingen, 1951).
26) *M. Q. R.*, Vol. XXXV, July 1961.
27) *M. Q. R.*, Vol. XIII, July 1939.
28) *M. Q. R.*, Vol. XXIX, January 1955.

29) Vol. XVI, January, 1961.
30) Ph.D. dissertation at Hartford Theological Seminary, 1959(unpub.)
31) Th.D. dissertation at Princeton Theological Seminary, 1961(unpub.)
32) Published in *Proceedings of the Twelfth Conference on Mennonite Education and Cultural Problems*(Elkhart, Indiana, 1959).
33) For a review, see *M. Q. R.*, Vol. XXX, October 1956, pp. 290-294.
34) Edited by Harry Emerson Fosdick,(Random House, New York, 1952), pp. 316-327.
35) *The Library of Christian Classics,* Vol. XXV, edited by George H. Williams,(Westminster Press, Philadelphia, 1957), pp. 261-271.
36) Published by J. H. Kok, N. V. Kampen, 1960, pp. 52-58.
37) *Meditaesje oer Psalm 25 fen Menno Simons yn oerstetting en meiynlieding fen* Sj. de Zee(A. J. Osinga, Boalsert, 1930).